基于初中生
英语词汇学习困境的
干预策略的研究

蔡建忠 著

图书在版编目(CIP)数据

基于初中生英语词汇学习困境的干预策略的研究/蔡建忠著.—武汉：武汉大学出版社,2022.6
ISBN 978-7-307-18349-0

Ⅰ.基… Ⅱ.蔡… Ⅲ.英语—词汇—教学研究—初中 Ⅳ.G633.412

中国版本图书馆 CIP 数据核字(2022)第 106063 号

责任编辑：唐 伟　　责任校对：李孟潇　　版式设计：马 佳

出版发行：武汉大学出版社　（430072　武昌　珞珈山）
（电子邮箱：cbs22@whu.edu.cn　网址：www.wdp.com.cn）
印刷：武汉邮科印务有限公司
开本：720×1000　1/16　印张：8.25　字数：134 千字　插页：1
版次：2022 年 6 月第 1 版　　2022 年 6 月第 1 次印刷
ISBN 978-7-307-18349-0　　定价：29.00 元

版权所有，不得翻印；凡购我社的图书，如有质量问题，请与当地图书销售部门联系调换。

前　　言

  从教 35 年来，我一直想把我的教学点滴总结出来，变成铅字，然后汇集成一本书。写什么主题呢？我思考了有几年的时间，但一直在大脑里面没有成型。想写的东西，要么是自己的理论素养达不到，要么是教学的一手材料不足。经过三年的课题研究，在理论学习和行动研究之后，我觉得可以把自己所主持的这个课题写一写。于是，就写了这一本《基于初中生英语词汇学习困境的干预策略的研究》。该书共六个部分，前四部分反映的是该课题研究的基本流程，第五部分是课题研究成果——教学范例，第六部分是该课题研究的调查表、立项申请报告和结题报告。在编写的过程中，得到了部分省级特级教师和骨干教师的大力帮助，特别是邢岩岩、王榕、伍晓珊、何有义、彭丽娜等老师参与了部分内容的编写。在此表示诚挚的感谢！与此同时，所有参与课题研究和本书的编写人员都深刻体会到：个人的专业素养通过课题研究而得到了提升；写作水平在不断学习中得到了升华。另外，作者编写该书还有一个愿望，即不论此书写得如何，希望它能对在做课题研究或即将做课题研究的同仁有所帮助。由于本人水平有限，书中难免存在许多不足的地方，敬请各位专家和同仁批评指正！

蔡建忠
2022 年 1 月 8 日

目 录

引言 …………………………………………………………………………………… 1

第一章 理论研究 …………………………………………………………………… 4
一、理论基础 ……………………………………………………………………… 4
二、文献研究综述 ………………………………………………………………… 5
三、核心概念的界定 ……………………………………………………………… 6

第二章 归因研究 …………………………………………………………………… 8
一、学生词汇学习困难和学习策略的问卷调查 ………………………………… 8
二、确认问题和归因分析 ………………………………………………………… 17

第三章 干预策略行动研究的过程及反思 ………………………………………… 18
一、第一轮行动研究及效果评估 ………………………………………………… 18
二、第二轮行动研究及效果评估 ………………………………………………… 20
三、第三轮行动研究及效果评估 ………………………………………………… 23
四、总结 …………………………………………………………………………… 26

第四章 干预策略的教学范例成果 ………………………………………………… 27
一、运用拼读策略，解决不会读的困难 ………………………………………… 27
二、运用学习策略，解决记不住的困难 ………………………………………… 53
三、应用"运用"策略，解决不会用的困难 …………………………………… 77
四、运用文化意识策略，培养学生词汇学习的文化意识 ……………………… 91

五、运用不同的思维方式策略，培养学生词汇学习的思维品质 …………… 93

六、运用创设情景或语境的策略，培养学生词汇学习能力 ………………… 95

附录 ……………………………………………………………………………… 98

参考文献 ………………………………………………………………………… 127

引　言

在经济全球化和科学技术不断进步的大背景下，英语已成为一种文化交流的载体，是每个社会成员成长必备的技能之一。作为构成语言的三大要素之一，没有词汇句子就无法构成，语言的使用更无从谈起（David A. Wilkins，1972）。学习和掌握一定数量的词汇是英语学习成功与否的关键。拥有坚实可观的词汇量，是外语学习继续深入和成功的基础。没有这个基础，就很难得到可理解的、有趣的、贴切的语言信息。没有这个基础，也谈不上语言的流利。从语言交际的角度来讲，词汇的重要性更是不言而喻了。在英语教学实践中，我们也发现词汇量的大小，从一个侧面决定了听力和阅读理解的程度。在做听力题时，一句话或者一篇短文中，只要有几个生词就可能影响一句话或整篇文章理解。做阅读理解题也是如此，词汇量小，不仅影响阅读的速度和质量，而且影响阅读的信心；反之，阅读量大，阅读面和视野就越开阔，阅读理解的准确度就越高，阅读兴趣就越大（吴长安，2004：45）。随着时代的发展，越来越多的语言学家和外语教师意识到：对于学生来说，学习英语最大的困难和第一需求就是扩大他们的词汇量。毫不夸张地说，词汇量是制约英语学习效率的重要因素。因此，词汇学习在英语学习中占很重要的地位，它是提高听说读写各项语言技能的重要基石，而且词汇教学在英语教学中是不可忽视的。多年来，国内外许多学校和教师把英语词汇教学及其研究摆在了非常重要的位置上。随着我国对外开放的深入发展，越来越多学者和一线教师对词汇教学开展了研究。研究者都意识到有效的学习英语词汇和扩大词汇量的重要性，然而，在教学中研究者发现词汇的学习和掌握成了广大学生的拦路虎，也是他们学习英语的最大障碍。如何克服这个障碍是广大一线教师必须面临的一个挑战。因此，笔者认为，进一步探讨英语词汇教学方法，有效地提高英语词汇教学的效率，这是一个极有价值的研究课题。

引言

在2011版《义务教育英语课程标准》(以下简称《课标》)中,对初中阶段词汇教学提出了明确要求:了解英语词汇包括单词、短语、习惯用语和固定搭配等形式;理解和领悟词语的基本含义以及在特定语境中的意义;运用词汇描述事物、行为和特征,说明概念等;学会使用1500—1600个词汇和200—300个习惯用语和固定搭配。《课标》明确指出词汇是最基础的三大语言知识目标(语音、词汇和语法)之一。《课标》要求掌握前缀、后缀、转化、合成等构词法。同时,《课标》也指出:加强学习策略指导,掌握有效记忆和使用英语词汇的方法,培养学生自主学习能力。由此可见,《课标》对词汇教学提出了明确的要求:作为英语教师,不断地改进词汇教学方法是肩负的责任和义务;作为学生,学好词汇、掌握和运用词汇是培养综合语言运用能力的基石。然而,在实际教学过程中,词汇学习往往是制约学生学好英语的瓶颈——其表现为:很多学生因词汇量不足导致无法读懂英语文章,或者不能根据提示独立起草和修改小作文;学生记不住单词,也不知道单词的用法,考试成绩不佳,久而久之丧失学习英语的兴趣,最后发展到放弃的地步。因此,作为教师,依据课标要求,关注学生词汇学习的困境、重视词汇教学方法是责无旁贷的教学工作,研究词汇教学的有效策略更是意义重大。

进入21世纪以来,广大农村初中面临着学生英语难学的局面,主要表现在这些学生不喜欢学英语,一方面家长和学生没有认识到学习英语的重要性,他们经常说,我又不出国,学英语干嘛。没有学英语的动机,老师只能使用不同的方法来培养他们正确的英语学习动机。另一方面,即使学生跟着老师学英语,词汇学习也是他们的"拦路虎"。他们要么不会拼读单词,要么因为害羞而不敢读单词;要么不愿花时间记忆单词,要么记忆单词方法单一;要么没有预习和复习单词的习惯,要么没有养成自主学习词汇的习惯;还有部分学生不会使用字典来查单词;更多学生不会准确使用词汇进行交际,不能很好理解词汇的文化意义,以及不懂词汇的语用意义。尤其是经常出现不会拼读、单词混淆、容易遗忘以及不会做词汇填空题的情况。究其原因,是学生在词汇学习过程中遇到了困难。这些困难是什么?怎样解决?只有把这些问题弄清楚,采用有针对性的措施,学生词汇难以学好的难题才会迎刃而解。因此,针对这些问题,笔者认为要重视学生的词汇学习,研究学生词汇学习中的困难,并采取相应的干预措施。

在教学工作中,我们发现很多学生刚开始学英语时兴趣浓厚,很爱学习英针对学习策略的研究颇多，尤其是对元认知策略的研究。元认知理论最早由美国认知心理学家 Flavell(1985)提出。元认知是个人所具有的关于自己思维活动和学习活动的认知与监控，它通常被定义为任何以认知过程与结果为对象的知识，或是任何调节认知过程的认知活动(董奇，1989：68)。可见，元认知理论对于提高认知、智力开发、促进学生高效学习等方面具有重要意义。O'Malley 和 Chamot (2001)将元认知和教学联系起来，带动了元认知等策略研究的发展。他们将学习策略按功能分为"元认知策略、认知策略和情感策略"三大类，认为"词汇学习认知策略主要涉及习得词汇知识的策略以及运用词汇相关知识的策略"(O'Malley & Chamot，2001)。

显而易见，学习策略在词汇学习过程中起着非常重要的作用，并且与词汇学习的效果是紧密相连的。因此，为了有效地使用词汇学习策略来干预学生的词汇学习困境，笔者所在的课题组决定开展行动研究。

二、文献研究综述

国内外相关文献对英语词汇学习策略研究的内容：

(1)对学习者自发使用的外语词汇学习策略的探索。

(2)对词汇学习策略与英语学习成绩、词汇学习成绩、学习风格、学习动机的关系的研究。

(3)对各类词汇学习策略的教学训练研究，主要有复述策略、关键词法、联系上下文法、联系法、语义编码法、分类组织策略、同化策略、拼读策略、自我测试策略等。

目前研究达成的共识是：词汇学习绝不是简单的死记硬背，有效的词汇学习包含各种学习策略，尤其是记忆策略，并且词汇学习策略与词汇学习成绩、英语成绩、英语学习情感密切相关。词汇学习策略对提高英语词汇学习水平是最有实际意义的。但从目前的研究，尤其是国内的研究来看，还存在着一些问题：

(1)各种单项策略训练的效果研究多。

(2)对部分年龄段如高中生、职校生、大学生所使用的策略调查多。

(3)对初中学生英语词汇学习策略的发展研究不多：在国家哲学社会科学文献中心搜索，共有 27 条有关初中学生英语词汇学习方面的研究。

(4)从对初中学生的研究内容来看，主要是有关学生英语学习动机、兴趣、情感态度、学习成败归因和部分学习策略等方面的研究；特别是对初中生英语词汇学习策略的深入研究还存在着较大的欠缺。

因此，进一步探索适合初中生英语词汇学习策略的发展状况，特别是对词汇元认知策略和情感策略的探索具有一定的现实意义。

三、核心概念的界定

1. 干预策略

本研究中的"干预策略"是指帮助学生摆脱词汇学习困境和提高词汇学习效率的英语语言学习策略。

2. 英语语言学习策略

20 世纪 80 年代后，欧麦力和萨默特将英语语言学习策略分为三大类：元认知策略、认知策略和社会情感策略。元认知策略用于评价、管理、监控认知策略的使用；认知策略用于学习语言的活动之中；社会情感策略则为学习者提供更多接触语言的机会。这三类策略之中，元认知策略高于其他两类策略，而每一类又包括若干分类：元认知策略，包括提前准备、集中注意、选择注意、自我监控、自我评价等。认知策略则包括重复、归类、利用上下文情景、联系、猜测、词形分析(前、后缀)、查字典、做练习、词汇表等。社会情感策略则包括合作、提问以达到澄清的目的、降低焦虑程度、自我鼓励等。

3. 教育行动研究的概念

教育行动研究是一种小范围的教育教学改革的探索性的研究方法，旨在针对教育教学活动和实践中的问题，在行动研究中不断地探索改革、改进和解决教育教学实际问题。其特点是"在行动中研究""为行动而研究""对行动的研究"(伍海云,2018:184-185)。行动研究领域的知名学者 Kemmis 和 McTaggart 把行动研究的基本过程总结为 4 步:计划、实施、观察和反思(Kemmis & McTaggart,1998:26)。

第二章 归因研究

基于问题和理论支撑,课题组决定在不同的四所学校采用三轮行动研究,即通过"发现问题—制订计划—采取行动—评估效果—修正计划—调整方案—提出新的方案"的循环研究(文秋芳,2012:32-39),来探索词汇学习困境的干预策略。首先,通过问卷调查进一步确认问题,并通过数据分析来知晓问题产生的原因所在,然后按照上述循环研究的步骤开展行动研究。

一、学生词汇学习困难和学习策略的问卷调查

1. 研究调查对象

本研究的调查对象是笔者所在地区的四所初中(分别是:某县县城的一所初中、某县东部、西部和北部的三所农村初中)的600名学生,他们分布在七年级、八年级和九年级。其具体分布情况见表2.1。

表2.1 研究对象分布表

学校 \ 人数	七年级(200人)	八年级(200人)	九年级(200人)	合计(600人)
某县西部初中	50(人)	50(人)	50(人)	150(人)
某县县城初中	50(人)	50(人)	50(人)	150(人)
某县东部初中	50(人)	50(人)	50(人)	150(人)
某县北部初中	50(人)	50(人)	50(人)	150(人)

2. 研究方式和内容

基于了解学生在词汇学习中遇到的困难和对学习策略的使用情况，本研究采用了问卷调查的形式来收集数据。本问卷主要分为三个部分：①被调查者的相关信息；②关于学生在词汇知识学习过程中遇到的困难的问卷；③关于学生使用词汇学习策略情况的问卷。

3. 研究的数据统计和分析

课题组运用了百分比法对所得数据进行了统计分析，得到了四所学校学生学习词汇困难方面的百分比和使用词汇策略情况的百分比；比较和分析了四所学校学生在词汇策略使用情况上的差异；同时结合对学生的访谈，从而找到学生在词汇学习方面的困难所在。

4. 结果与分析

从表2.2可以看出，本地区学生认为掌握单词的音、形、义都很困难；困难程度的排序依次是读音(78%)、词义(74%)和拼写(72%)。百分比显示：他们学习词汇时遇到的最大困难就是不会读单词；这与笔者所在地区的教学实际情况是一致的。教师经常会遇到这样的现象：老师领读，学生就会读；老师停止领读，学生也停止朗读；学生在自我朗读的时候，通常只有少数学生能够出声朗读。另外，经过访谈，我们发现：学生对48个音素以及开音节和闭音节等语音知识掌握不过关；而且由于学生不善于运用拼读规则来读记单词，听写时单词的拼写也会出现很多错误。这些因素都是导致学生不会读记单词的根本原因。

表2.2　　　　　　　　我认为，掌握单词的_____最难

内容	困难	非常同意	同意	不确定	不同意	非常不同意
四校平均比例	a. 读音	52%	26%	2%	8%	12%
	b. 拼写	48%	24%	4%	8%	14%
	c. 词义	46%	28%	2%	10%	12%

从表2.3可以看出，在本地区超过80%学生认为掌握单词的搭配很难。经过访谈和教学实践，我们发现：在学习中学生记忆和运用词组、短语以及相关搭配的效果往往很差，特别是对动词短语的区别不容易掌握，例如：学生经常把含put的短语(put up、put on、put down、put off)混淆使用。

表2.3　　　　　　　　　我认为，掌握单词的搭配很难

使用频率 比例	非常同意	同意	不确定	不同意	非常不同意
四校平均比例	52%	28%	2%	6%	8%

从表2.4可以看出，本地区有82%学生认为"运用所学词汇"很难。在实际教学中我们发现：学生不能准确地运用所学单词来完成造句、完形填空、阅读填词等练习；这些说明了学生没有准确地掌握该单词的词义，不能进行恰当的词性分析，不能在具体的语境中运用该词汇。

表2.4　　　我认为运用所学词汇很难(即难于运用所学单词来完成造句、
　　　　　　完形填空、阅读填词等练习)

使用频率 比例	非常同意	同意	不确定	不同意	非常不同意
四校平均比例	54%	28%	2%	8%	8%

从表2.5可以看出，在本地区有46%的学生认为意义相近的词难以区分。从词汇认知策略的角度来看，部分学生没有很好地运用"同义词近义词学习策略"，没有从词性、数量、句中位置等方面来区别同义词的用法，导致在学习中难以区分同义词和近义词，使用时易混淆。

表2.5　　　　　　　　我认为，意义相近的词难以区分

使用频率 比例	非常同意	同意	不确定	不同意	非常不同意
四所学校平均比例	34%	12%	2%	24%	28%

一、学生词汇学习困难和学习策略的问卷调查

从表2.6可以看出,在词汇学习中,高年级学生比低年级学生能更多地使用计划、监控和评价等元认知策略,其有时使用率分别为:九年级54%(东部)、54%(北部)、八年级56%(县城)、七年级50%(西部)。因此,从使用元认知策略的情况来看,教师要尽早地训练学生使用元认知策略,培养他们词汇学习的自我调控能力。

表2.6　　　　　　　　　　元认知策略的使用情况

(制订词汇学习的计划、有计划地复习生词、不定期进行词汇检测和总结适合自己单词记忆的方法等元认知策略的使用情况)

使用频率 比例	从不使用	基本不使用	有时使用	经常使用	总是使用
某县西部初中七年级	8%	6%	50%	18%	12%
某县县城初中八年级	6%	8%	56%	20%	14%
某县东部初中九年级	6%	8%	54%	20%	12%
某县北部初中九年级	6%	8%	54%	18%	12%
平均比例	6.5%	7.5%	53.5%	19%	12.5%

表2.7的问卷问题为:学了新单词后,我要反复读这些新单词,一直到能够默写为止。七年级学生有时使用此策略的占38%;县城初中八年级的占44%;东部和北部初中九年级的都占52%。这些数据表明:在初中阶段,无论是低年级还是高年级的学生,使用重复背诵策略还是很频繁的,尽管它是低级的、机械的。而且,O'Malley和Chamot(2001)也认为,如果学生习惯了通过死记硬背来学习单词,这种方法也会很有效。

表2.7　　　　　　　　　　重复背诵策略的使用情况

使用频率 比例	从不使用	基本不使用	有时使用	经常使用	总是使用
某县西部初中七年级	12%	23%	38%	14%	8%
某县县城初中八年级	6%	24%	44%	28%	4%

续表

使用频率 比例	从不使用	基本不使用	有时使用	经常使用	总是使用
某县东部初中九年级	4%	18%	52%	22%	4%
某县北部初中九年级	4%	18%	52%	21%	4%
平均比例	6.5%	20.5%	46.5%	21.5%	5%

表 2.8 的问卷问题为：学新单词时，运用音标及其拼读规则来帮助记忆。根据表 2.8 可知，参与问卷调查的学生有 32.5% 以上没有运用此策略。英语是拼音文字，词汇包含音、形、义，其中读音和拼写形式是紧密相连的，也存在着一一对应的关系。因此，读准单词能够帮助学生准确地写好单词；特别是比较长的单词，更应该划分音节和利用其对应的拼读规则来记忆。

表 2.8　　运用音标及拼读规则记忆单词策略的使用情况

使用频率 比例	从不使用	基本不使用	有时使用	经常使用	总是使用
某县西部初中七年级	14%	25%	38%	10%	10%
某县县城初中八年级	10%	20%	42%	16%	14%
某县东部初中九年级	10%	20%	46%	14%	12%
某县北部初中九年级	10%	20%	44%	14%	12%
平均比例	11%	21.5%	42.5%	13.5%	12%

表 2.9 的问卷问题为：学新单词时，要看看这个词有什么特征，然后把它跟有关的旧单词联系起来记忆。参与问卷调查的学生有 36% 以上有时使用联想记忆策略来记忆新单词。心理语言学对词汇学习神经机制的研究提出：词汇在大脑中不是孤立地、分散地排列的，而是按照一定的相互联系的网络组织的（Stevick，1976）。因此，在学习一个新词时，将其与原有的知识建立的联系越多，就越容易记忆。

表2.9　　　　　　　　　　联想记忆策略的使用情况

比例 \ 使用频率	从不使用	基本不使用	有时使用	经常使用	总是使用
某县西部初中七年级	12%	32%	34%	14%	8%
某县县城初中八年级	8%	18%	38%	24%	8%
某县东部初中九年级	10%	30%	36%	22%	6%
某县北部初中九年级	10%	28%	36%	22%	6%
平均比例	10%	27%	36%	20.5%	7%

表2.10的问卷问题为：记忆单词时，我注意发现规律，把词根、词缀、词类、同义词等有相同特点的词放在一起记忆。西部初中七年级有48%的学生、县城初中八年级有66%的学生、东部和北部初中九年级有68%的学生能够使用分类、分组策略来记忆新单词。过去的实验表明，大脑词典(mental lexicon)有两个明显的特征，一是语音方面，发音相似的词储存在一起；二是语义方面，归属某一项活动、某种文化特征、某一社会机构和某一主题的一系列词按语义场储存在一起。因此，在学习和记忆英语单词的过程中，我们可以遵循大脑储存词汇的规律，一方面根据单词的发音特点，注意发音相似的单词之间的联系，巩固记忆；另一方面根据词汇按照语义场储存在大脑中这一特点，将词汇按照语义场分类。编排有序的内容比相互之间毫无关系、任意排列的内容更易于学习和掌握。

表2.10　　　　　　　　　　分类、分组策略的使用情况

比例 \ 使用频率	从不使用	基本不使用	有时使用	经常使用	总是使用
某县西部初中七年级	18%	24%	28%	10%	10%
某县县城初中八年级	10%	34%	38%	18%	10%
某县东部初中九年级	6%	26%	40%	20%	8%
某县北部初中九年级	6%	26%	40%	20%	8%
平均比例	10%	27.5%	36.5%	17%	9%

表 2.11 的问卷问题为：记单词时记住其常用的搭配词或表达方式。有半数以上的学生(西部初中七年级有 80%，县城初中八年级有 84%，东部和北部初中九年级分别有 74%、64%)在记忆新单词时更倾向于使用此策略。语言学家通过大量研究发现：在英语里，有许多兼有句子和词汇特征的固定或半固定的语言结构，这种组合就叫词块或语块，这些模式化的词块以整体形式储存在人的大脑中。词块对语言习得和促进语言输出的流程都具有重要意义。因此，以词块作为英语词汇教学的单位应该被越来越多的教师、研究者所重视。

表 2.11　　　　　　　　　　词块策略的使用情况

使用频率 比例	从不使用	基本不使用	有时使用	经常使用	总是使用
某县西部初中七年级	8%	12%	38%	30%	12%
某县县城初中八年级	10%	24%	44%	32%	8%
某县东部初中九年级	4%	22%	34%	30%	10%
某县北部初中九年级	4%	20%	32%	26%	6%
平均比例	6.5%	19.5%	37%	29.5%	9%

表 2.12 的问卷问题为：我认为刚学到的单词要经常使用(说和写)才能记得住。有 38%~46% 的学生未能够使用此认知策略。学生只有在使用语言(包括听、说、读、写)的过程中才能深化和巩固词汇知识(Nation, 2008)。如果不用，学到的词汇也会很快地被遗忘。由于汉语的语音系统与英语的语音系统差别很大，不管用什么方法学习，都要注意英语词语的语音形式，不要只靠眼睛，还要靠嘴巴学单词(桂诗春, 2006)，因此，我们在通过记忆策略输入足够的词汇之后，更要进行充分的"说和写"的输出活动，以此来促进词汇的活学活用。

表 2.12　　　　　　　　　　应用策略的使用情况

使用频率 比例	从不使用	基本不使用	有时使用	经常使用	总是使用
某县西部初中七年级	10%	28%	34%	14%	14%

续表

使用频率 比例	从不使用	基本不使用	有时使用	经常使用	总是使用
某县县城初中八年级	10%	28%.	34%	14%	14%
某县东部初中九年级	10%	36%	28%	16%	10%
某县北部初中九年级	10%	36%	30%	16%	10%
平均比例	10%	32%	31.5%	15%	12%

表2.13的问卷问题为：我常常通过前后句子或上下文等语境来猜测生词的意思。上下文策略是指：通过广泛的阅读，结合上下文语境来理解和记忆词与词之间的搭配，把新单词放在词组、句子以及文章中来比较记忆。西部初中七年级、县城初中八年级分别有54%、52%以上的学生不能使用上下文的策略记忆新单词，而九年级半数以上的学生倾向于使用这个策略。主要原因在于：随着学习英语时间的增加和英语知识的积累，他们具备了相应的语言知识基础。

表2.13　　　　　　　　　上下文策略的使用情况

使用频率 比例	从不使用	基本不使用	有时使用	经常使用	总是使用
某县西部初中七年级	18%	36%	32%	10%	4%
某县县城初中八年级	24%	28%	30%	12%	10%
某县东部初中九年级	14%	18%	34%	24%	10%
某县北部初中九年级	14%	18%	34%	24%	10%
平均比例	17.5%	25%	32.5%	17.5%	8.5%

学习词汇有两种基本途径：一种是直接的单词学习，另一种是附带学习。表2.14的问卷问题为：我通过大量阅读英语读物来扩大词汇量。从表中可知，大部分学生不使用或基本不使用"词汇积累学习"策略。这一方面表明学生们没有意识到这一策略的重要性，另一方面也反映了教师对这一策略的忽视。由于学生课堂学习的时间有限，所以"词汇积累学习"是一种极其重要的词汇学习途径和策略。越来越多的研究表明，将"积累性"的词汇教学方式与其他的词汇教学方

式结合起来，可以取得良好的教学效果。

表 2.14　　　　　　　　　词汇积累学习策略的使用情况

使用频率 比例	从不使用	基本不使用	有时使用	经常使用	总是使用
某县西部初中七年级	36%	60%	12%	3%	0%
某县县城初中八年级	16%	46%	16%	7%	4%
某县东部初中九年级	6%	52%	28%	10%	2%
某县北部初中九年级	6%	52%	30%	10%	2%
平均比例	16%	52.5%	21.5%	7.5%	2%

表 2.15 的问卷问题为：学过的单词，在使用时我会特别注意它的使用场合和文化背景。从学生的选项可以看出，西部初中七年级、县城初中八年级有半数以上的学生忽视了词汇的文化背景在英语学习中的重要作用。同时，东部和北部初中九年级学生在这一方面做得要比西部初中七年级、县城初中八年级的学生好。

表 2.15　　　　　　　　　词汇文化意识策略的使用情况

使用频率 比例	从不使用	基本不使用	有时使用	经常使用	总是使用
某县西部初中七年级	22%	54%	14%	10%	0%
某县县城初中八年级	10%	46%	30%	10%	6%
某县东部初中九年级	6%	34%	46%	8%	6%
某县北部初中九年级	6%	32%	46%	8%	6%
平均比例	11%	41.5%	34%	9%	4.5%

社会情感策略是指学习者在学习过程中用来调控自己的情感、态度以及动机等的策略。表 2.16 的问卷问题为：是否主动与他人交流学习经验，采用有效的词汇学习方法。从表 2.16 可以看出，西部初中七年级有 62%、县城初中八年级

有58%、东部和北部初中九年级有40%的学生从不和基本不主动与他人交流英语词汇学习经验。可见，大多数学生都是孤立地学习词汇的，彼此之间缺乏交流。

表2.16　　　　　　　　社会情感策略的使用情况

使用频率 比例	从不使用	基本不使用	有时使用	经常使用	总是使用
某县西部初中七年级	20%	42%	16%	8%	6%
某县县城初中八年级	20%	38%	24%	18%	6%
某县东部初中九年级	8%	32%	44%	6%	8%
某县北部初中九年级	8%	32%	44%	6%	8%
平均比例	14%	36%	32%	9.5%	7%

二、确认问题和归因分析

总之，经过上述两个方面(学习困难和学习策略)的问卷调查和访谈，我们进一步弄清了学生在词汇学习方面存在的问题及其原因。问题一，部分学生难于掌握词汇的读音，其原因是学生未能掌握基础的语音知识和不善于运用拼读规则朗读单词。问题二，部分学生难于记住单词并且忘得快，其原因是记忆策略单一，没有很好运用多种记忆策略，更没有较好地使用"及时复习和有计划复习"等元认知策略。问题三，部分学生难于运用词汇，其原因是词汇运用策略匮乏等。问题四，部分学生难于正确和得体地使用词汇，其原因是词汇的语用意识和文化意识欠缺。问题五，部分学生词汇学习进步小的原因之一是情感策略运用不够，即在词汇学习中缺少使用"交流和向他人学习的策略"；同时，"合作学习词汇的策略"也使用不够充分。基于问题和成因，我们设计了三轮行动研究方案。

第三章 干预策略行动研究的过程及反思

一、第一轮行动研究及效果评估

1. 行动方案的设计

为了解决学生"朗读困难和词汇学习策略缺乏"的问题,第一轮行动方案围绕"能拼读单词和能运用记忆策略掌握词汇"这两个方面开展,具体的时间和内容安排见表3.1。

表3.1　　　　　　　　　朗读策略和记忆策略的训练方案表

活动项目＼周次	2	3	4	5	6	11	12	13	14	15
基础语音知识训练策略	*	*								
自然拼读法			*							
单词朗读训练				*						
以音促记策略					*					
查字典的策略					*					
形象记忆策略						*				
构词法策略							*			
思维导图/语境记忆策略								*		
归类记忆策略									*	
联想记忆策略										*

2. 行动方案的实施

(1) 强化拼读，解决学生不会朗读的难题。

①强化语音教学(用时三周)：教会 48 个音素；学会五个元音字母及其组合字母在重读音节和非重读音节里的发音规则；学会辅音字母的拼读规则以及其他语音知识和拼读技巧；教授自然拼读规则，从而达到"见词能读、听音能写"的词汇学习效果。例如，利用自然拼读法将字母及其组合字母与读音建立联系：boy, b-/b/；dog, d-/d/；man, m-/m/；c-a-t, cat, /k-æ-t/；kæt/；bee-ee/iː/；等等。

②单词朗读训练。每个单元的单词教学，让学生尝试着根据音标朗读：首先找出元音音标，再找出其前后的辅音音标，然后将元音和辅音拼在一起，读出整个单词，最后小组内纠音或者教师集体纠音。利用班级微信群或 QQ 群，给学生布置单词朗读的任务，要求学生将朗读单词的语音按时上传，课代表记录、汇总每个学生打卡次数。

(2) 运用学习策略，提高学生单词记忆的有效性。

①以音促记策略。学生会读单词之后，教给他们按音节朗读和拼写单词。特别是对于音节较多的长单词，先划分音节对单词进行分解，然后边读边拼。例如，利用"合分八步朗读法"，训练学生读记单词。教读 teacher 的步骤如下：teacher, teacher, t-e-a-c-h-e-r, teacher, tea-/tiː/，cher-/tʃə/，teacher，教师。

②查字典的资源策略。学生每人买一本袖珍字典，随身携带，有空就拿出来读记学过的单词；同时，教会他们如何查找生词。

③形象记忆策略。借助实物、图画和简笔画等直观物品，帮助学生理解和记忆单词。

④构词法策略。利用词根、前缀和后缀等构词法来辅助记忆单词。

⑤思维导图/语境记忆策略。借助话题或故事语境，以思维导图的形式将主题单词和情境单词呈现给学生，教会学生在话题或语境中记忆单词(任玉霞，2019：5)。

⑥归类记忆策略。将单词进行分类，按照词性、语义、主题、词组搭配以及同义词和反义词等归类记忆。

⑦联想记忆策略。在学习新单词时联想到旧单词，即利用词义、词缀、词形

和谐音等方面建立联系,也可通过字母拆分来联想记忆单词。

3. 效果评估与反思

行动实施后,大部分学生能够根据语音知识来拼读单词,也能记住和运用所学85%的词汇,词汇题型的平均分由以前考试不足2分上升到2019年春期末考试接近5分(见表3.2),学生词汇学习初见成效,但也出现了一些新的问题:

(1)通过自然拼读和语音教学,大部分学生能够准确地读出大多数单音节和双音节的单词,但读准多音节单词和单词的重音还有一些难度。

(2)大部分学生能够记住和听写并不复杂的单词,但有时会出现隔两天就忘了的现象,词汇的意义有时张冠李戴。

(3)部分学生在语境中运用单词时经常出错,具体表现在做题时用错词性和词义。

(4)大部分学生都是在老师的要求下记忆单词,没有积极主动地学习词汇的意识。

表3.2   第一轮行动研究后的春季期末考试词汇成绩表
(首字母填空及选词填空)

类别\对象	某县西部初中七年级(50人)	某县县城初中八年级(51人)	某县中部初中九年级(49人)	某县北部初中九年级(51人)
平均分	4.64	4.39	4.57	4.46
及格人数	13	12	11	11
及格率	26%	23.5%	22.4%	21.5%
优秀人数	5	4	4	4
优秀率	10%	7.8%	8.1%	7.8%

注:词汇题满分10分。

二、第二轮行动研究及效果评估

1. 行动方案设计的修改

针对第一轮行动研究后发现的问题,课题组进行了第二轮行动研究修改计划：鉴于学生难以读准单词的重音，在计划中增加强化重音朗读的训练；鉴于学生容易忘记所学词汇，在计划中增加强化记忆策略的训练；鉴于学生词汇运用能力薄弱的现状，在计划中增加词汇运用策略的训练；鉴于学生词汇学习不够主动，在计划中增加元认知策略的训练，等等。具体时间和内容上的安排调整见表 3.3。

表 3.3　　　　　　　　强化记忆策略和运用策略的训练方案表

活动项目 \ 周次	2	3	4	5	6	11	12	13	14	15
易错音素和拼读规则强化训练	*									
运用重音知识读准单词的策略		*								
每天 10 分钟背诵单词的记忆策略				*						
每节课课前 2 分钟朗读所学课文或对话的策略					*					
制订计划、复习、检测和总结单词记忆方法等元认知策略训练						*				
每周词汇思维导图训练策略							*			
每周词汇语境填空训练策略								*		
阅读中根据上下文猜测词义的训练策略								*		
词块训练策略									*	
新词造句、词汇串新知和口笔头表达等活用策略的训练										*

2. 行动方案的实施

（1）提高学生单词朗读的准确率。

在第一轮教学中，大多数学生掌握了一些自然拼读规则和相应的语音知识，基本上能独立拼读词汇表里的生词；在本轮教学中，教师继续训练学生易读错的音素和拼读规则，同时重点训练学生读准多音节单词和单词的重读音节，如：我们尝试用汉语拼音的第1声来读非重读音节，用汉语拼音的第4声来读重读音节。

(2) 强化及时和有计划地复习词汇。

根据艾宾浩斯遗忘曲线规律，单词的遗忘是先快后慢，故教师要训练学生及时复习。因此，要求学生每天至少花10分钟的时间记忆单词；每节课前听写10个左右的单词，确保单词在课堂学习之后能够得到及时的复习。另外，要求学生制订"词汇三天一复习，一周一复习，一个月一复习"的计划，同时，通过听写来落实这一计划，以此来增加"制订计划，复习检测和总结单词记忆方法等元认知策略"的使用频率。同时，通过课前2分钟对所学课文或对话的朗读，来提高"重温单词"的频率。另外，及时总结每单元的"词块"，把生词放在"词块"里面记忆，以强化对单词意义的理解和记忆。例如，学习单词"lucky"后，我们可以归纳记忆含有 lucky 的短语(lucky dog/lucky money/lucky star)，让学生在这些词块中掌握 lucky 的词性及意义。

(3) 重视词汇运用策略的训练。

在调查和访谈中，我们发现学生的词汇运用能力较弱。因此，在本轮教学中，我们尝试在语境中讲解词汇的用法，加深学生在语境中对词汇意义的理解；在阅读教学中尝试根据上下文来猜测词义，且通过词汇思维导图来内化阅读内容；复习课通过词汇语境填空来复习单元话题词汇；另外，还通过"新词造句、词汇串新知和口笔头表达等策略"来活用词汇，确保每周的学案都有上述的词汇练习，促进所学词汇学以致用。

3. 效果评估及反思

经过实施方案，课题组发现，学生的词汇学习困境有明显的改善，教学也在明显变化，主要表现在以下三点：

(1) 提高了学生"朗读单词"的准确率。学生在学会了独立拼读单词之后，对于一些结构简单且符合读音规则的单音节词，实验班的大部分学生能做到见其形读其音，对于符合规则的双音节或多音节词也能读准其重读音节，学生拼读单词的准确率得到了大幅度提高。从微信群里收集到的学生朗读语音资料来看,大部分学生能够读准单词的重音,朗读的准确率令人欣慰。

(2)提高了学生"记忆单词"的效率。在改进和强化记忆策略之后,学生通过及时复习降低了遗忘率;通过每周的思维导图训练,加深了对单元词汇的理解和记忆;通过运用"制订计划、复习、检测和总结单词记忆方法等元认知策略"的训练,加深了对词汇的长期记忆效果。

(3)提高了学生"活用单词"的效率。鉴于学生在期中期末考试中词汇填空题型的得分率较低,通过词汇运用策略的训练,大多数学生能够通过上下文语境确定该空所需要的词义,做到了"因境用词",同时也能活用单词的词性、前缀和后缀。2019年秋季期末英语考试词汇填空题的得分率也明显高于春季学期同类题型的得分率(见表3.4)。

表3.4　　　　　第二轮行动研究后的秋季期末考试词汇成绩表

类别＼对象	某县西部初中七年级(50人)	某县县城初中八年级(51人)	某县中部初中九年级(49人)	某县北部初中九年级(51人)
平均分	5.23	5.43	5.55	5.43
平均分上升+	+0.59	+1.04	+0.98	+0.97
及格人数	23	24	23	24
及格率	46%	47.1%	46.9%	47.05%
及格率上升+	+30%	+23.6%	+24.4%	+25.55
优秀人数	9	9	9	10
优秀率	18%	17.6%	18.4%	19.6%
优秀率上升+	+8%	+9.8%	+10.3%	+11.8%

注:"+"表示与第一轮比较上升的情况。

三、第三轮行动研究及效果评估

经过前两轮的词汇学习行动研究,大部分学生在词汇学习方面的困难,诸如不会读、不会记和不会用的状态得到了一定的改善。因此，课题组进一步地梳理学生在词汇学习方面存在的问题。我们发现：学生在不同的语境下运用词汇的准确率还有待加强；学生在不同的语境下，不能很好地掌握其文化意义；少数学生害怕记忆单词，也不愿意和其他学生交流词汇学习的体会。基于这些问题，课题组开展第三轮行动研究。

1. 行动方案的设计

表3.5　　　　　　　　　　第三轮行动方案的设计表

活动项目 \ 周次	2	3	4	5	6	11	12	13	14	15
强化根据上下文语境猜测词义或填词策略的训练	*									
每周短文选词填空策略的训练		*								
每个单元的对话用关键词缩写成短文策略的训练			*							
每个单元课文用关键词复述策略的训练					*					
每周做一篇完形填空策略的训练						*				
了解词汇文化意义策略的训练							*			
词汇合作学习策略的训练								*		
课外个别辅导词汇学习策略的训练									*	
开展词汇竞赛的策略									*	
开展录音秀和配音秀等词汇输出的活动策略										*
开展"我爱我的家乡"等主题作文竞赛和"我是自由贸易岛小导游"演讲的活动策略										*

2. 行动方案的实施

（1）进一步强化词汇运用策略的训练。

在第二轮行动研究中，我们尝试了一些词汇运用策略的训练，虽然取得了一些效果，但是词汇的运用始终是词汇学习的难点。为此，在本轮行动中，我们进一步强化词汇运用策略的训练，例如：在新授课时我们经常设置语境讲授生词，让学生猜测其词义；在复习课中我们经常设置根据上下文语境进行选词填空的练习；另外，我们还设计"每周短文选词填空策略的训练""每个单元的对话用关键词缩写成短文策略的训练""每个单元课文用关键词复述策略的训练""每周做一篇完形填空策略的训练"和"每周或每两周写一篇日记"等。

(2) 了解词汇文化意义策略的训练。

在教学中，要让学生了解有的中英文词汇的语义和文化内涵是不等值的，表现在概念意义、内涵意义和搭配意义上的不等值。搭配意义主要是指词与词之间的横向组合关系，搭配往往也是约定俗成的，不能将母语的搭配规则套用到英语学习中，如：汉语中的红茶在英语中则是 black tea，英语中的 black coffee 在汉语中则是浓咖啡，汉语中的浓茶在英语中则是 strong tea。再如：brother（兄弟）和 sister（姐妹）在英文里只有一个单词，"兄/姐"和"弟/妹"翻译成汉语就要加修饰词，译成"elder brother/sister"和"younger brother/sister"。再如：dog 在英文里内涵意义是"忠诚的意思；是受宠之物"，以狗来比喻人时是褒义的。Lucky dog 表示"你这家伙真幸运"；人疲劳时可以用 dog tired 来形容；"Love me, love my dog."是爱屋及乌的意思。故在看英文文章时，dog 一词就不能总是按照汉语中的"狗"的意义去理解，否则就会曲解原意，闹出笑话。因此，在教学中既要通过举例来归纳"这些文化意义不等值的"的词汇，又要让学生通过阅读来理解和积累这些表达不同文化意义的词汇。

(3) 词汇合作学习策略的训练。

鉴于少数学生从心理上抗拒学习词汇，我们在教学中，采用合作学习词汇的策略。在小组学习中，通过优生帮扶学困生，来减少学困生因为词汇掌握不好而怕丢面子的焦虑程度和心理压力，同时帮助学困生掌握一些基本的词汇学习策略。另外，利用课外个别辅导，教师手把手地教学困生如何记词汇和运用词汇。这样，学困生就会逐步学到和运用"和他人主动交流词汇学习方法和体会"的情感策略。

(4) 开展课外活动运用词汇的策略训练。

开展课外活动是积累词汇和运用词汇的必要手段。通过开展课外活动，可以让学生实现"在用中学词汇和在学中用词汇"的目标。在教学中，我们开展了词汇竞赛活动、录音秀和配音秀等词汇输出的活动，以及开展"我爱我的家乡"等主题作文竞赛、"我是自由贸易岛小导游"演讲比赛、"模拟充当英语导游"的活动。通过活动的开展，不仅激发了学生学习英语的兴趣，而且让学生对词汇知识做到了学以致用。

3. 效果评估及反思

经过第三轮行动方案实施，课题组发现：学生提高了在不同语境下运用词汇的准确率，例如：学生在选用方框中所给单词恰当形式填空的题型训练中，答题正确率由原先的不及格水平提升到及格以上的水平。另外，通过开展"词汇趣味竞赛、录音秀和配音秀"等词汇输出的活动，激发了学生积累词汇和运用词汇的内在动力。同时，在词汇学习中，学生也了解了一些词汇的文化意义，明确了和其他学生合作学习、交流词汇学习体会的重要性，等等。

四、总　　结

通过数据收集以及教学检验，本三轮行动研究基本上实现了预期的目标：其一，通过问卷调查，弄清楚了学生词汇学习困境的成因和学习策略的使用情况。其二，通过行动研究，探索了若干干预词汇学习困境的策略，改善了部分学生词汇学习的策略，逐步提高了他们记忆单词和运用词汇的效率。反思这次行动研究，其中仍有很多不足之处，如：不是全体学生都能学会和运用词汇学习的相关策略，参与行动研究的学生人数较少，部分学生"活用词汇"的能力有待提高，以及"得体地使用词汇的语用策略"有待进一步研究等。针对这些问题，我们将更加广泛地进行阅读和学习词汇教学的相关理论和实践经验，更科学合理地设计研究方案，准备好开展新一轮词汇学习的行动研究。

第四章 干预策略的教学范例成果

一、运用拼读策略，解决不会读的困难

(一)结合汉语拼音，教会学生48个音素

(1)元音教学。例如：在汉语拼音里我们学过了"ɑ, o, e, i, u"，英语的长元音有/ɑː/，/ɔː/，/ɜː/，/iː/，/uː/以及它们对应的短元音/ʌ/，/ɔ/，/ə/，/i/，/u/，再加上另外的两个单元音/e/，/æ/，总共12个单元音。8个双元音是每两个单元音构成的，跟汉语拼音相似的有/ei/和/ai/，不一致的有/ɔi/，/əu/，/au/，/iə/，/eə/，/uə/。英汉对照，联想相似的，记住不同的，这样就能很快记住20个元音音素了。

(2)辅音教学。用同样的英汉对照方法，也可以教会辅音音素。其一，相似的辅音音素有/b/，/p/，/m/，/f/，/d/，/t/，/n/，/l/，/g/，/k/，/h/，/r/，/z/，/s/；其二，不相同的辅音因素有/v/，/θ/，/ð/，/ʃ/，/ʒ/，/ts/，/dz/，/tʃ/，/dʒ/，/tr/，/dr/，/ŋ/，/j/，/w/。在学生通过汉语拼音联想到这些辅音音素之后，再根据清辅音和浊辅音的读音规则，进一步让学生掌握好28个辅音的发音和书写。

(3)五个元音字母发音的基本规则。在重读开音节中，五个元音字母读它的本声音；在重读闭音节中，五个元音字母读它的相对短音；在非重读音节中，五个元音字母及其组合字母，要么读/ə/，要么读/i/。

(4)重读的规律。重读音节读汉语拼音的第四声,非重读音节读汉语拼音的第一声。

(二)教会学生开音节和闭音节,读准单音节单词

1. 开音节分为绝对开音节和相对开音节

(1)相对开音节。

相对开音节:单个元音字母后面加单个辅音字母(r 除外),再加一个不发音字母 e 构成的音节,也就是"辅音+元音+辅音(r 除外)+不发音的 e"的结构。

例如:exer-cise, name, these, bike, home, ex-cuse, like, ape, ice。

(2)绝对开音节。

绝对开音节:单个元音字母后面没有辅音字母的音节,也就是"辅音+元音"的结构。

例如:also, zero, photo, no, she, he, we。

2. 闭音节和重读闭音节

(1)闭音节:以元音字母加一个或几个辅音字母(r 除外)结尾的音节。其结构为:元音+辅音或元音+辅音+辅音。

例如:bag, begin, fish, not, cup。

(2)重读闭音节:"辅音+元音+辅音"结构,并且此音节重读。

例如:begin 里的 gin 就是重读闭音节。

应强调的是:判断开音节和闭音节就是看末尾的字母是元音字母还是辅音字母。

3. 五个元音字母:Aa, Ee, Ii, Oo, Uu

五个元音字母 Aa, Ee, Ii, Oo, Uu 在重读音节中的发音规律:在重读开音节中发它的字母<u>本身音</u>,在重读闭音节中读<u>相应的短音</u>(见表 4.1)。

表 4.1

元音字母	在重读开音节中读它的字母本身音	例词	在重读闭音节中读其相应的短音	例词
Aa	[ei]	name	[æ]	bag
Ee	[iː]	these	[e]	bed
Ii	[ai]	bike	[i]	fish
Oo	[əu]	those	[ɒ]或[ʌ]	clock, son
Uu	[juː]或[uː]	excuse 或 rule	[ʌ]或[u]	bus, put

①重读开音节(单音节)的朗读方法。

先找出元音字母,读它的字母本声音,然后跟前后的辅音相拼即可,结尾 e 不发音。

例如:tape→/ei/→/t/+/ei/→/tei/→/tei/+/p/→/teip/; game/geim/; save/seiv/; late/leit/;

these→/iː/→/ð/+/iː/→/ðiː/→/ðiː/+/z/→/ðiːz/; she/ʃiː/; he/hiː/; Chinese/tʃainiːz/;

bike→/ai/→/b/+/ai/→/bai/→/bai/+/k/→/baik/; life/laif/; ride/raid/; hide/haid/;

home→/əu/→/h/+/əu/→/həu/→/həu/+/m/→/həum/; rose/rəuz/; those/ðəuz/; go/gəu/; photo/'fəutəu/;

use→/juː/→/juː/+/z/→/juːz/; cute/kjuːt/; excuse/iks'kjuːz/。

②重读闭音节(单音节)的朗读方法(字母符号和音标符号基本一致)。

以辅音字母结尾,就可以判断它是闭音节,中间的元音字母读它的相对应的短音,重读闭音节读音方法与重读开音节相似。先找出元音字母,读它的相对短音,然后跟前后的辅音相拼即可。

例如:bag→[æ]→[b]+[æ]→[bæ]→[bæ]+[g]→[bæg]; map[mæp]; sad[sæd]; dad[dæd];

pen→[e]→[p]+[e]→[pe]→[pe]+[n]→[pen]; desk[desk]; set[set]; red[red]; well[wel];

big→[i]→[b]+[i]→[bi]→[bi]+[g]→[big]; pig[pig]; sit[sit]; dig[dig];

dog→[ɒ]→[d]+[ɒ]→[dɒ]→[dɒ]+[g]→[dɒg]; not[nɒt]; hot[hɒt]; box[bɒks]; son[sʌn];

but→[ʌ]→[b]+[ʌ]→[bʌ]→[bʌ]+[t]→[bʌt]; number['nʌmbə]; cut[kʌt]; mum[mʌm]; put[put];

【练习】

(1)什么是开音节? _____ 如: _____

(2)什么是闭音节? _____ 如: _____

(3)默写五个元音字母在重读开音节和闭音节里面的发音。

①Aa(开)读/ /; Aa(闭)读/ /; ②Ee(开)读/ /; Ee(闭)读/ /;

③Ii(开)读/ /; Ii(闭)读/ /; ④Oo(开)读/ /; Oo(闭)读/ /;

⑤Uu(开)读/ /; Uu(闭)读/ /。

(4)单词辨音: 先判断它是开音节还是闭音节, 开音节写个(开); 闭音节写个(闭)。

再写出每个字母在开音节和闭音节中的发音//, 最后找出画线部分发音不同的单词并将答案的序号 A、B、C 填在题前的括号里。

(　　)①A. name(开); /ei/　　B. bag (　　); / /　　C. cake (　　); / /

(　　)②A. cup (　　); / /　　B. bus (　　); / /　　C. use (　　); / /

(　　)③A. sell (　　); / /　　B. she (　　); / /　　C. get (　　); / /

(　　)④A. kite (　　); / /　　B. hill (　　); / /　　C. time (　　); / /

(　　)⑤A. not (　　); / /　　B. box (　　); / /　　C. go (　　); / /

提示: 看单词末尾的字母, 若是 5 个元音字母, 则是开音节; 若是辅音字母, 则是闭音节(特别明显的是, 以 e 结尾就是开音节)。

(三) 教会学生元音字母组合在重读开音节和闭音节中的发音规则

在语音教学中,我们要引导学生关注元音字母组合的发音,构成这种音节的字母组合有的是两个元音字母的组合,如:ai, ea;有的是元音字母与辅音字母的组合,如:air, ere 等。这两种字母组合都叫元音字母组合。我们逐一归纳如下:

1. Aa 的字母组合发音(见表 4.2)

表 4.2

元音字母组合		位　　置	读音	例　　词
a	ai	重读音节	[ei]	wait, rain, paint, train
		非重读音节	[i]	captain
		非重读音节	[ə]	certain
	au	重读音节	[ɔː]	cause
	al	重读音节	[ɔː]	all, ball, call, small, talk, walk
		重读音节	[ɔːl]	always, almost, already, although
	aw	重读音节	[ɔː]	draw, paw, saw
	air	重读音节	[eə]	air, hair, chair, stairs
	ar	重读音节	[aː]	art, car, card, party, March, star
		在 w 后	[ɔː]	warm, warn, reward, war
		非重读	[ə]	grammar
	are	重读音节	[eə]	dare, glare, share, compare, careful
	augh	重读音节	[ɔː]	taught, caught, daughter, naughty
	ay	重读音节	[ei]	delay, play, say, way, today
		非重读音节	[i]	Sunday, Monday, Tuesday, Friday

31

2. Ee 的字母组合发音(见表 4.3)

表 4.3

元音字母组合		位 置	读音	例 词
e	ea	重读音节	[iː]	eat, please, speak, easy, teacher, tea
		重读音节	[e]	head, bread, healthy, sweater, measure
		重读音节	[ei](特殊)	great, break
		重读音节	[iə]	real, idea, theatre
	ee	重读音节	[iː]	beef, meet, green, need, see, three, fifteen
	ear	重读音节	[iə]	appear, clear, near, hear, dear, ear
		重读音节	[əː]	heard, learn, earn, early, search
		重读音节	[eə]	wear, bear, swear, pear
	ei	重读音节	[iː]	receive, seize, ceiling
	ew	重读音节	[juː]	few, new, news
		在[l],[r]后	[uː]	blew, flew, threw, drew
	er	重读	[əː]	service, certain, serve
		非重读	[ə]	worker, farmer, teacher
	ere	重读音节	[eə]	there, where
	ey	重读音节	[ei]	grey, hey, obey
		非重读音节	[i]	monkey, donkey
	eigh	重读音节	[ei]	weight, eight, eighty

3. Ii 的字母组合发音(见表4.4)

表 4.4

元音字母组合		位 置	读音	例 词
i	ie	重读音节	[iː]	piece, believe, cookie, field
			[ai]	lie, tie, die
	ir		[əː]	first, girl, shirt, skirt, third, birthday
	ire		[aiə]	wire, inspire, hire, tire
	igh		[ai]	right, fight, night, high, bright, light

4. Oo 的字母组合在重读音节中的发音(见表4.5)

表 4.5

元音字母组合		位 置	读音	例 词
o	oa	重读音节	[əu]	road, coat, boat, goat, soap
	oi	重读音节	[ɔi]	voice, noise, point, choice
	oy	重读音节	[ɔi]	toy, boy, joy, joyful
	oo	在非 t、d、k 前	[uː]	cool, food, room, school, too, boot
		在 t、d、k 前	[u]	book, good, look, foot, classroom
			[ʌ]	blood, flood
	oor	重读	[ɔː]	floor, door
	or	重读	[ɔː]	form, important, corner, horse
		在 w 后	[əː]	work, word, world, worth
		非重读	[ə]	mirror, doctor, forbid, forget
	ou	重读	[au]	pound, rouse, mountain, trousers, ground
		重读	[ʌ]	couple, cousin, double, country, touch
		重读	[uː]	route, group, routine, soup
		重读	[u]	could, should, would
	ough	重读	[ɔː]	fought, bought, brought, thought
	ow	重读	[au]	down, brown, flower
		重读	[əu]	bowl, sow, window, row, owner, low, show

5. Uu 的字母组合发音(见表 4.6)

表 4.6

元音字母组合		位　　置	读音	例　　词
u	ure	重读音节	[uə]	s<u>ure</u>, s<u>ure</u>ly
		非重读音节	[ə]	pleas<u>ure</u>
	ur	重读音节	[əː]	ch<u>ur</u>ch, Th<u>ur</u>sday, n<u>ur</u>se, t<u>ur</u>n, ret<u>ur</u>n
		非重读音节	[ə]	s<u>ur</u>prise, s<u>ur</u>round
	ua	非重读音节	[uə]	Jan<u>ua</u>ry, Febr<u>ua</u>ry

总之，我们在语音教学中要引导学生多观察，找出元音字母组合的发音规律，为词汇的积累打下坚实的基础。

(四) 教会学生辅音及其字母组合的发音规则

辅音音素的教学也是语音教学中的重要部分。一般来说，多数辅音音素的符号与字母符号是一致的。辅音又分清辅音和浊辅音。在教学的过程中，要把学生难以掌握的辅音字母和组合字母的发音作为重点。

1. 辅音字母的符号与辅音音素的符号是一致的(见表 4.7)

表 4.7

辅音字母	对应的音素	例　　词
b	/b/	bake, bike, bad, boy
d	/d/	dog, dick, dot, duck
f	/f/	forth, future, fox
g	/g/	egg, good, go
h	/h/	hate, hot, humorous
k	/k/	cook, look, kitchen

续表

辅音字母	对应的音素	例词
l	/l/	long, like, milk, smile, tail
m	/m/	mum, memory, room, much
n	/n/	nut, enough, night
p	/p/	pen, pig, people
r	/r/	right, rock, Russia, rich
t	/t/	tick, teach, temple
v	/v/	very, five, driver
w	/w/	watch, word, work
z	/z/	zoo, zero
tr	/tr/	train, tree
dr	/dr/	draw, driver
tw	/tw/	twelve, between

2. 辅音字母有多种发音或者有特殊发音(见表4.8)

表4.8

辅音字母	对应的音素	例词
c	/s/	cite, city, rice
	/k/	cake, catch, cap
s	在闭音节中读/s/	sit, sick, season
	在开音节中读/z/	rise, raise
	/ʃ/	sure, Asia
y	一般在闭音节中发/i/	baby, family
	一般在词首发/j/	yes, yellow
	一般在开音节中发/ai/	bye, eye
q 一般需要跟 u 一起用	/kw/	quite, quiet
x	一般在词中或词尾发/ks/	six, box

3. 辅音字母组合的发音规律(见表4.9)

表 4.9

辅音字母组合	对应的音素	例　　词
ch	/tʃ/	chalk, chain, check, chair
ch	/k/	school, Christmas
tch	/tʃ/	catch, match
dge	/dʒ/	bridge, knowledge
ge	/dʒ/	age, cage
kn	/n/	know, knock
ng	/ŋ/	sing, English
nk	/ŋk/	think, ink
ph	/f/	physics, photo
sion	/ʒ(ə)n/	decision, revision, television
tion	/ʃən/	station, attention
ck	/k/	cock, knock
th	/θ/	think, thing
th	/ð/	those, that, this
ture	/tʃə/	picture, furniture
wh	/w/	when, where, why
wh	wh 在 Oo 前读/h/	whose, whole, whom
gh	/f/	enough, laugh
gh	不发音	daughter, thought
ex	/iks/	excuse
ex	/igz/	exam, example
wr	/r/	write, wrong
ce	名词多数发/s/	piece, advice
se	动词多数发/z/	advise

4. 辅音的发音要点

爆破辅音：[p]，[b]，[t]，[d]，[k]，[g]。

爆破音发音要领：

[p]，[t]，[k]是清辅音，发音时声带不振动，送气要强。

[b]，[d]，[g]是浊辅音，发音时声带必须振动，送气要强。

[p]，[b]双唇紧闭，然后突然分开，气流冲出口腔。

[t]，[d]舌尖紧贴上齿龈，形成阻碍，然后突然下降，气流冲出口腔。

[k]，[g]舌后部隆起，紧贴软腭，形成阻碍，然后突然离开，气流冲出口腔。

摩擦音Ⅰ：[f]，[v]，[s]，[z]，[ʃ]，[ʒ]，[θ]，[ð]。

摩擦音Ⅰ的发音要领：

[f]，[s]，[ʃ]，[θ]是清辅音，发音时声带不振动。

[v]，[z]，[ʒ]，[ð]是浊辅音，发音时声带必须振动。

[f]，[v]：①下唇轻触上齿。②气流由唇齿间的缝隙中通过，摩擦成音。

[s]，[z]：①舌端及舌尖靠近上齿龈，但不接触。②上下齿靠拢，但不要咬住。③气流由舌端与上齿龈之间逸出，摩擦成音。

[ʃ]，[ʒ]：①舌尖和舌端抬向上齿龈后部，但不接触。②舌身两侧紧贴上颚，形成狭长的通道。③双唇略微突出。

[θ]，[ð]：①舌尖置于上下门齿之间。②气流由舌齿间的窄小缝隙逸出，摩擦成音。

摩擦音Ⅱ[h]，[r]，[j]，[w]及舌侧音[l]。

摩擦音Ⅱ的发音要领：

[h]是清辅音，发音时声带不振动。

[r]，[j]，[w]是浊辅音，发音时声带必须振动。

[h]：①发音器官呈发元音的姿势，声门张开。②气流不受阻碍，自由逸出口腔，声带不振动。

[r]：①舌尖卷起，靠近上齿龈后部。②舌两侧紧贴上齿龈两侧。③双唇收圆略突出，声带振动。

［j］：①舌前部向硬腭抬起，但不抵住。②双唇向两旁伸展成扁平形，声带振动。③发音急促短暂，一经发出，立刻向后面的元音滑动。

［w］：①舌后端向软腭抬起，但不抵住。②双唇收圆略突出，声带振动。②发音急促短暂，一经发出，立刻向后面的元音滑动。

［l］：①舌端紧抵上齿龈，气流从舌的一侧或两侧逸出。②舌前向硬腭抬起，气流从舌的两侧逸出，声带振动。

破擦音：［tr］，［dr］，［tʃ］，［dʒ］，［ts］，［dz］。

破擦音发音要领：

［tr］，［tʃ］，［ts］是清辅音，发音时声带不振动。

［dr］，［dʒ］，［dz］是浊辅音，发音时声带必须振动。

［tʃ］，［dʒ］：①舌尖和舌端抵住上齿龈，形成阻碍。②气流从舌和齿龈间冲出。

［tr］，［dr］：①舌身作发［r］音的姿势。②舌尖抵上齿龈后部，堵住气流。③发出短促的［t］后立即发［r］。

［ts］，［dz］：①舌端贴住上齿龈，堵住气流。②然后舌尖略为下降，气流随之泄出。

鼻（辅）音：［m］，［n］，［ŋ］。

鼻音发音要领：

①软腭下垂，口腔通道完全堵塞，气流从鼻腔逸出。

②三个鼻辅音［m］，［n］，［ŋ］都是浊辅音，发音时声带必须振动。

③鼻辅音在词末时，发音略为延长。

［m］：双唇紧闭，舌身平放，软腭下垂，气流从鼻腔逸出。

［n］：①舌尖紧贴上齿龈，形成阻碍。②双唇不闭，软腭下垂，气流从鼻腔逸出。

［ŋ］：舌后部抬起并抵住软腭，软腭下垂，堵住口腔通道，气流从鼻腔逸出。

5. 清辅音和浊辅音

清辅音音标有 11 个，分别为：［p］，［t］，［k］，［f］，［s］，［θ］，［ʃ］，

[tʃ]，[ts]，[tr]，[h]。

浊辅音音标有 17 个，分别是：[b]，[d]，[g]，[v]，[z]，[ð]，[ʒ]，[dʒ]，[dz]，[dr]，[m]，[n]，[ŋ]，[l]，[r]，[w]，[j]。

辅音分为清辅音和浊辅音两大类。这两种发音的最大不同是发音时声带的振动模式不同。清辅音发音时是声带完全不振动，只送气不发声，而浊辅音与之不同，送气又发声。还有一种是清辅音浊化现象，这是一种特定的现象，而不是发音规则，只是在特定的词中发生读音变化。这种特例在日常朗读的时候，多加注意即可（如：/sp/→/sb/；/st/→/sd/；/sk/→/sg/；/str/→/sdr/等）。

6. 辅音组合字母发音的朗读训练

【总结和朗读】ce 读/s/

洗完 face(脸)，系好 lace(鞋带)，参加 race(赛跑)。　　　　　ce 读/s/

吃着 rice(米饭)，加点 ice(冰)，口感 nice(好的)。　　　　　ce 读/s/

【总结和朗读】c 读/k/

听听 music(音乐)，变变 magic(魔术)，吃吃 garlic(大蒜)。　　c 读/k/

看完 comic(喜剧)，野外 picnic(野餐)。　　　　　　　　　　c 读/k/

【总结和朗读】ck 读/k/

动作 quick(快的)，捉只 cock(公鸡)，藏进 sock(袜子)。　　　ck 读/k/

脱下 jacket(夹克)，忘记 ticket(票)，还在 pocket(口袋)。　　　ck 读/k/

【总结和朗读】ch 读/tʃ/

同学 each(每一个)，手拿 peach(桃子)，来到 beach(海滩)。　ch 读/tʃ/

观众 watch(观看)，激烈 match(比赛)，球来 catch(抓住)。　ch 读/tʃ/

【总结和朗读】n 读/n/

天气 sunny(阳光明媚)，身无 penny(便士)，感觉 funny(滑稽的)。　n 读/n/

最快 runner(跑步者)，成了 winner(胜利者)，享受 dinner(晚餐)。　n 读/n/

【总结和朗读】nk 读/ŋk/

拿起 ink(墨水)，不加 think(思考)，仰头 drink(喝)。　　　　nk 读/ŋk/

敌人 tank(坦克)，撞上 bank(岸，堤)，老天 thank(谢谢)。　nk 读/ŋk/

【总结和朗读】ng 读/ŋ/

一首 song(歌)，歌词 long(长的)，总唱 wrong(错的)。　　　　ng 读/ŋ/

山路 along(沿着)，跑步 long(长的)，身体 strong(强壮的)。　　ng 读/ŋ/

【总结和朗读】ing 读/iŋ/

像个 king(国王)，插上 wing(翅膀)，不停 swing(荡秋千，摇荡)。

　　　　　　　　　　　　　　　　　　　　　　　　　　ing 读/iŋ/

美好 spring(春天)，歌儿 sing(唱)，鲜花 bring(带来)。　　　ing 读/iŋ/

【总结和朗读】ox，ex 读/ks/

一头 fox(狐狸)，躲避 ox(公牛)，藏进 box(盒子)。　　　　ox，ex 读/ks/

忘背 text(课文)，绝无 next(下一次)。　　　　　　　　　ox，ex 读/ks/

【总结和朗读】字母 LL 在词尾读/l/；词尾的 le 读/l/

身体 ill(生病的)，买来 pill(药丸)，堆成 hill(小山)。　字母 LL 在词尾读/l/

一根 needle(针)，掉进 noodle(面条)。　　　　　　　　词尾的 le 读/l/

【总结和朗读】字母 Rr 读/r/

饭后 hurry(赶快)，书包 carry(背上)，迟到 sorry(对不起)。　字母 Rr 读/r/

我家 parrot(鹦鹉)，爱吃 carrot(胡萝卜)。　　　　　　　字母 Rr 读/r/

【总结和朗读】dr 读/dr/

做个 dream(梦)，掉进 stream(小河)，大声 scream(尖叫)。　dr 读/dr/

穿着 dress(连衣裙)，下着 chess(象棋)。　　　　　　　　dr 读/dr/

【总结和朗读】tr 读/tr/

一辆 truck(卡车)，满载 duck(鸭子)，一路 luck(好运，运气)。　tr 读/tr/

碰到 trouble(困难)，努力 double(加倍)。　　　　　　　　tr 读/tr/

【总结和朗读】igh 读/ai/

到了 night(夜晚)，打开 light(电灯)，保护 sight(视力)。　　igh 读/ai/

【总结和朗读】ge 读/dʒ/

小小 age(年龄)，读读 page(书页)，种种 orange(橘子)。　　ge 读/dʒ/

【总结和朗读】dge 读/dʒ/

打开 fridge(冰箱)，端出 porridge(粥)，扔下 bridge(桥)。　dge 读/dʒ/

【总结和朗读】gh 读/f/

喝酒 enough(足够的)，大声 laugh(笑)，不停 cough(咳嗽)。　gh 读/f/

他很 tough(粗暴的)，从不 laugh(笑)。 gh 读/f/

【总结和朗读】sh 读/ʃ/

心中 wish(希望)，钓到 fish(鱼)，做成 dish(一盘菜)。 sh 读/ʃ/

飞机 crash(撞毁)，烧成 ash(灰烬)，损失 cash(钱)。 sh 读/ʃ/

【总结和朗读】th 读/θ/

一个 youth(年轻人)，张开 mouth(嘴巴)，吹到 south(南方)，洗完 bath(洗澡)，学习 math(数学)。 th 读/θ/

【总结和朗读】th 读/ð/

我的 mother(妈)，生个 brother(兄弟)，想要 another(再一个)。 th 读/ð/

寒冷 weather(天气)，身披 leather(皮革)，头戴 feather(羽毛)。 th 读/ð/

【总结和朗读】qu 读/kw/

一只 chick(小鸡)，动作 quick(快的)，把我 kick(踢)。 qu 读/kw/

吃饭 quiet(安静的)，注意 diet(饮食)。 qu 读/kw/

【总结和朗读】tw 读/tw/

猫吃 mice(mouse 的复数)，味道 nice(好的)，想吃 twice(两次)。 tw 读/tw/

这对 twin(双胞胎)，总是 win(赢)。 tw 读/tw/

(五) 教会学生如何划分音节以及如何读准重读音节和非重读音节

1. 音节

音节是读音的基本单位，任何单词的读音，都是分解为一个个音节朗读。在英语中元音特别响亮，一个元音音素可构成一个音节，一个元音音素和一个或几个辅音音素结合也可以构成一个音节。一般来说，元音音素可以构成音节，辅音音素不响亮，不能构成音节。但英语辅音音素中有 3 个辅音[m]、[n]和[l]是响音，它们和辅音音素结合，也可构成音节。它们构成的音节往往出现在词尾，一般是非重读音节。英语的单词有一个音节叫单音节，有两个音节叫双音节，有三个音节以上叫多音节。

2. 双音节单词的音节划分方法

(1)"两个辅音前后分"是指，当两个元音之间有两个辅音字母时，将两个辅音字母划分在前后两个音节里。具体细节以及读音特点，分别介绍如下：

①当两个辅音字母相同(包括字母 r)，且重读音节在第一个音节：

yellow→yel·low；tennis→ten·nis

第一个音节的元音按照"短元音"读，但是相邻的那一个辅音字母没有读音。

②带前缀的单词，有时也有两个相同的辅音字母(包括字母 r)，如：

arrive→ar·rive；correct→cor·rect

这样的单词，第一个音节是"非重读音节"，元音一般读"含糊元音/ə/"。

③当两个辅音字母不同(不包括字母 r)时，前后各分一个，如：

sister→sis·ter；window→win·dow

第一个音节的元音按照"短元音"读，相邻的辅音字母有读音。

④当两个辅音字母不同，并且第一个辅音字母为 r 时：

garden→gar·den；dirty→dir·ty

第一个音节的元音按照"-r 音节"的读音读。

⑤注意：一些不允许"两个辅音前后分"的情况，有：

a. 辅音字符 th，sh，ch，ck，tch 等，是不允许分割的辅音字母组合。如：

fa·ther；oth·er；ma·chine；pock·et

b. 各种辅音连缀，如 cr，pr，bl，fl 等，也是不允许分割的，这样的单词有：

April→A·pril；secret→se·cret

包括带前缀的一些单词，如 de·gree；a·cross；a·gree；a·fraid 等。

(2)双音节"一个辅音要么归前或要么归后"是指，当两个元音之间只有一个辅音字母时，有时将这个辅音字母划分在前面的音节里，有时划分在后面的音节里。

①先说"一归后"的情况，在有些单词中是对的，如：

open→o·pen；able→a·ble；

even→e·ven；nation→na·tion；

fever→fe·ver；student→stu·dent

显然，第一个音节的元音按照"开音节"读。

②带有以元音结尾的前缀的单词，自然是属于"一归后"的，如：

begin→be·gin；repeat→re·peat；

decide→de·cide；return→re·turn；

prepare→pre·pare；repair→re·pair

③再看"一归前"的情况，在有些单词中也是对的，如：

city→cit·y；minute→min·ute；

study→stud·y；second→sec·ond；

travel→trav·el；never→nev·er

显然，第一个音节的元音按照"短元音"读。

另外请注意，字母 x 永远是划归第一个音节的，并且第一个音节读"短元音"，如：taxi→tax·i；exit→ex·it。

3. 多音节单词的音节划分方法及其重音

(1)多音节单词的音节划分方法与双音节单词相似。多音节词通常重读倒数第三个音节，也就是说，假如这个词只有三个音节，那就应该重读第一个音节。如：`ac·cid·ent, `Africa, `I·ta·ly, `fa·mi·ly, `fa·vor·ite 等。如果有四个音节，就要重读第二个音节，如：A`·mer·i·can, bi`·o·lo·gy, o`·pin·i·on, de`·li·ci·ous 等，以此类推。

(2)双音节词加上前缀或后缀所构成的多音节词，重音一般在原来词根的重读音节上，如：ex`·change, un`·friend·ly, `dan·ger·ous, `of·fi·cer 等。

(3)多音节复合名词通常重读第一个音节，如：`in·ter·view, `news·pa·per 等。

(4)词尾有-tion, -sion 或-ian 的多音节词，其重音一般在-tion, -sion 或-ian 前面的一个音节上，如：de`·ci·sion(决定)；I·ta·lian；mu`·si·cian 等，但 `te·le·vi·sion(电视)例外。

4. 重音里的主重音和次重音

所谓主重音，就是我们平常所说的重读音节，可在其左上方标上重音符号

"`"来表示。而次重音呢，发音时呼出的气流比主重音稍弱一点，但比非重读音节强得多，我们常在此音节的左下方标"."来表示。一般来说，从重读音节算起的倒数的第二个音节处就是次重音，如：.in·for`·ma·tion, .un·der`·stand 等。

(六) 自然拼读策略

自然拼读法，是英语母语国家的儿童从学英语开始就普遍使用的一种方法，它通过让学生辨识字母及字母组合的发音规律，在字母与发音之间建立直接联系，做到"见词能读，听音能写"。比如学生知道 cat 中的字母 c 发/k/，a 发/æ/，t 发/t/之后，一看见 cat 就会自主解码和拼读：/k/-/æ/-/t/--/kæt/。掌握了字母或字母组合的读音规律后，看到大部分单词，即便不知道意思，也能直接读出音。相关统计数据表明，英语作为一种拼音文字，80%以上的单词符合拼读规则，所以自然拼读法的实用性还是非常好的。它对中国中学生的意义在于，不用再枯燥地背单词，只要这个词你会读，就大致知道它是怎么写的。由于英语字母发音和汉语拼音中的许多发音比较接近，英语中的辅音与汉语拼音中的声母相似，对于已经熟练掌握汉语拼音的初中生来说，我们可以利用汉语拼音对音素教学的正迁移作用更快地掌握自然拼读。我们可以按照以下步骤让学生逐步掌握自然拼读。

1. 学会 26 个字母在单词中最常见的发音，即字母音(letter sound)

大部分初中生在小学阶段已经掌握了一些关于 26 个字母的知识，比如，会唱字母歌，会指认字母。他们只是掌握了字母名(letter name)，英语单词的发音不是由字母名决定的，而是由字母或字母组合的音决定的，单词拼读指的是拼字母或字母组合的发音，而不是字母名。因此在七上预备篇的学习中，我们可以用一周左右的时间来学习 26 个字母的字母音，为后面的拼读做准备。首先可以按照字母顺序，通过具有代表性的单词及相应图片来呈现：a-apple, b-bear, c-cat, d-duck, e-elephant……然后可以在网上下载一些教 26 个字母音的歌曲视频，让学生们边看视频边跟唱，直到能够顺畅地唱出来。还可以让学生观看自然拼读法的动画片，如美国第一儿童教育品牌 LeapFrog（跳蛙）公司制作的跳蛙系列中的 *The Letter Factory*（《字母工厂》）。

2. 熟练掌握单辅音和五个元音字母的短元音

学会了 26 个字母的字母音后，可以引导学生大量拼读 cvc（辅音+元音+辅音）单词。比如，学生学会了 a，b，c 三个字母对应/a/，/b/，/k/三个音素，就可以体验/k/-/a/-/b/→cab 这个拼读过程；而学习了 s，a，t，i，p，n 的字母音后，就可以试着拼出 sat，pat，sit，pin，tap，tip 等单词了。在进行了大量的 cvc 单词拼读练习后，可以进行从音到词再到句子的听写练习，如字母音听写/f/，/a/，/t/，/s/，/d/，/i/，/m/，/o/，单词听写 Tom，Sam，fat，sad，is，it，句子听写 Tom is fat. Sam is sad.

3. 学习辅音字母组合及掌握含有辅音字母组合的简单单词的快速拼读

辅音字母组合分为辅音丛、二合辅音字母和不发音的辅音字母。辅音丛的发音很简单，就是把每个辅音字母的发音联合在一起，如 br-bread，cr-cry，fr-frog，gr-grass，pr-price，dr-draw，tr-tree；二合辅音字母是指共同发一个音的两个辅音字母，比如字母 t 和 h 合起来发/th/的音，即/th//a//t/→that，而不是/t//h//a//t/；不发音的辅音字母，如辅音字母 b 在 t 前和 m 后一般不发音，如 doubt，climb，comb 等。

4. 学习长元音及元音字母组合的音形对应规则

这个阶段的拼读拼写练习应贯穿于整个学习过程中，如能结合音标学习效果更佳。我们可以先学习字母 a，e，i，o，u 发长元音的音形对应规则：第一，当一个单词构词形式是"辅+元+辅+e"时，第一个元音字母通常发长元音，词尾的 e 不发音，比如 cake，name，bike，like 等；第二，在单词中如果有两个元音字母连在一起，通常第一个元音字母发长音，第二个元音字母不发音，如在 ai，ay 组合中，a 发长元音，第二个字母不发音，如 rain，say 等。学习五个元音字母+r 的音形对应规则，比如 ar，ur，ir，er，or 等；学习其他元音字母组合的音形对应规则，比如 oi, oy, ou, ow, oo 等；学习非重读音节的元音的音形对应原则，比如 about, orange, seven, pencil 等。在平时的教学中引导学生在字母组合下画线，如 bread, rain, 并注意总结发音规律。

5. 运用绘本，提升自然拼读能力

集中、系统地学完自然拼读后，如果没有及时地在阅读中进行体验和运用，很快就会遗忘。因此自然拼读法的学习过程，一定是伴随着足够量的阅读练习进行的。我们可以选择一些优秀的自然拼读绘本读物来强化和提高自然拼读技能，如外语研究与出版社的丽声系列，还有"牛津树分级阅读绘本"的 *Floppy's Phonics*（《弗洛比的自然拼读法》）。

(七) 易混淆元音素及其拼读规则的强化训练

为了提高学生朗读的准确率，我们把学生易混淆的音素和拼读规则进行强化训练，采用区别相似音素的认读方法和押韵认读的方法，提高语音学习的趣味性和实效性。

1. [iː] 与 [i]

[iː]：①舌尖抵下齿，舌前部尽量向硬腭抬起。②嘴唇向两旁伸开，成扁平形。

[i]：①舌尖抵下齿，舌前部向硬腭抬起。②发音短促，上下齿之间可容纳小指尖。

【总结和朗读】Ee 在重读开音节中读字母本身音[iː]（即：辅音字母+e）
me(我)，we(我们)，he(他)，she(她)。
【总结和朗读】ee 读[iː]
一只 bee(蜜蜂)，躲进 tree(树)，没人 see(看见)。　　　　ee 读长/iː/
悬崖 deep(深的)，开着 jeep(吉普车)，莫要 sleep(睡着)。　　ee 读长/iː/
【总结和朗读】ie 在非重读音节里面读短[i]；ie 在重读音节里面读长[iː]
抱着 Barbie(芭比)，吃着 cookie(饼干)，看着 movie(电影)。　　ie 读短[i]

46

被我 niece(侄女，外甥女)，摔成 piece(片，碎片)。　　　　　ie 读长/iː/

【总结和朗读】ea 读[iː]

一颗 pea(豌豆)，掉进 sea(大海)，泡壶 tea(茶)。　　　　　ea 读长/iː/

身体 weak(虚弱的)，爬上 peak(顶峰)，无力 speak(说话)。　　ea 读长/iː/

【总结和朗读】Ii 在重读闭音节中读相对短音[i]（即：辅音字母+i+辅音字母）

一只 pig(猪)，非常 big(大)，把洞 dig(挖)。　　　　　　　Ii 读短/i/

没给 tip(小费)，把我 lip(嘴唇)，装上 zip(拉链)。　　　　Ii 读短/i/

2. [e] 与 [æ]

[e]：①舌尖抵下齿，舌前部稍抬起，比[iː]低。②牙床开得比[iː]宽，上下齿间可容纳一个食指。

[æ]：①舌尖抵下齿。②双唇向两旁平伸，嘴张开比 e 大，两齿间可以容纳食指和中指。

【总结和朗读】结构→辅音+a+辅音（Aa 在重读闭音节中读/æ/）

我家 dad(爸爸)，脾气 bad(坏的)，让我 sad(伤心的)。　　　Aa 读/æ/

有只 cat(猫)，非常 fat(胖)，专吃 rat(老鼠)。　　　　　　Aa 读/æ/

【总结和朗读】结构→辅音+e+辅音（Ee 在重读闭音节中读/e/）

我能 bet(打赌)，你的 pet(宠物)，肯定 best(最好)。　　　　Ee 读/e/

刚才 slept(睡觉)，在我 bed(床)，好好 rest(休息)。　　　　Ee 读/e/

【总结和朗读】ea 读/e/

吃着 bread(面包)，摸摸 head(头)，感到 heavy(重的)。　　　ea 读/e/

3. [ɑː] 与 [ʌ]

[ɑː]：舌尖不触下齿，口张大，舌身平放后缩。

[ʌ]：①舌中部稍抬起。②开口程度和[æ]相似，唇形扁。

【总结和朗读】ar、a 在 n/sk/ss/st 前读[ɑː]

开着 car(汽车)，向着 star(星星)，路途 far(遥远的)。　　　ar 读长[ɑː]

想变 smart(聪明的)，必须 start(开始)，学习 art(艺术)。　　ar 读长[ɑː]

一群 class(班级/同学)，拿着 glass(玻璃杯)，想问 ask(问)。　as 读[ɑːs]

47

没有 answer(回答)，拿着 basketball(篮球)，只好 dance(跳舞)。an 读[ɑːn]

【总结和朗读】Uu 在重读闭音节中读[ʌ]（即：辅音字母+u+辅音字母）；Oo 在 m/n/th/v 前读[ʌ]

举着 gun(枪)，瞄准 sun(太阳)，不停 run(跑)。　　　　　　Uu 读短[ʌ]

小小 bug(虫)，把我 hug(拥抱)。　　　　　　　　　　　　Uu 读短[ʌ]

儿子 son，来了 come；妈妈 mother，真是 love。　　　　　Oo 读短[ʌ]

4. [əː]与[ə]

[əː]：①舌尖抵住下齿，舌中部稍抬起。②双唇和发[iː]时相似。扁唇(双唇不要收圆)。

[ə]：①舌尖抵住下齿，舌中部抬起。②牙床半开半合，短促有力。扁唇(双唇不要收圆)。

【总结和朗读】er/ir/or/ur/ear 在重读音节里面读[əː]；所有的元音字母及其字母组合在非重读音节里面读短[ə]或短[i]

穿上 shirt(衬衫)，脱下 skirt(裙子)，扔进 dirt(泥土)。

这只 bird(鸟)，总跑 third(第三)。　　　　　　ir 在重读音节里面读长[əː]

一个 nurse(护士)，丢了 purse(钱包)。　　　　ur 在重读音节里面读长[əː]

买只 turtle(海龟)，颜色 purple(紫色的)。　　　ur 在重读音节里面读长[əː]

【总结和朗读】　er 等在非重读音节里面读短/ə/

一个 robber(强盗)，专抢 rubber(橡皮)。

5. [uː]与[u]

[u]：①舌尖不触下齿，舌后部向软腭抬起，舌身后缩。②双唇收圆，稍向前突出。

[uː]：双唇比发[u]时收得更圆更小，向前突出，舌后部比发[u]时抬得更高。

【总结和朗读】Uu 在重读开音节中读[juː]（即：辅音字母+u+辅音字母+不发音的 e)

找个 excuse(借口)，借车 use(使用)，遭到 refuse(拒绝)。　　　　Uu 读[juː]

假装 mute(哑巴的)，真是 cute(可爱的)。　　　　　　　　　　Uu 读[juː]

【总结和朗读】字母组合 ew 读[juː]

很少 few，消息 news。

【总结和朗读】oo 在多数爆破音前面发短[u]；oo 在非爆破音前面读长[uː]；

oo 读短[u]

带上 hook(勾)，来到 brook(小溪)，水面 look(看)。

手拿 book(书)，一边 look(看)，一边 cook(烹饪)。

oo 读长[uː]

炎热 noon(中午)，跳上 spoon(勺子)，飞到 moon(月亮)。

一个 fool(傻瓜)，掉进 pool(水池)，真是 cool(凉爽的)。

【总结和朗读】Uu 在重读开音节里读长[uː]，在重读闭音节读短[u]

六月(June)，规则(rule)，蓝色(blue)。　　都是重读开音节，Uu 读长[uː]。

推(push)，拉(pull)，放(put)，满(full)。　　都是重读闭音节，Uu 读短[u]。

6. [ɔ]与[ɔː]

[ɔ]：①舌尖不触下齿，口张大，舌身尽量降低并后缩。②双唇稍稍收圆。

[ɔː]：①舌后部比发[ɔ]时抬得略高。②双唇也收得更圆更小，并须用力向前突出。

【总结和朗读】al/or/ore/oor/au/aw/ough/ar 在 w 后读长[ɔː]；Oo 在重读闭音节里读短[ɔ]；Aa 在[w]后读短[ɔ]

字母 Oo 在重读闭音节里读短[ɔ]

清晨 jog(慢跑)，带上 dog(狗)，踩到 frog(青蛙)。

轻轻 hop(跳)，跳上 top(顶，最高处)，唱起 pop(流行歌曲)。

or 在重读开音节里读长[ɔː]

个子 short(矮个的)，喜欢 sport(运动)，跑到 airport(机场)，拿着 fork(叉子)，吃着 pork(猪肉)。

al 在重读开音节里读长[ɔː]

所有(all)，都是 tall(高的)，一边 talk(交谈)，一边 walk(步行)。

ore/oor 在重读开音节里读长[ɔː]

49

以前 before，更多 more，商店 store，door(门)，floor(地板)。

aw/au/ough 在重读开音节里读长[ɔː]

画画 draw，法律 law，草莓 strawberry。

买 bought，战斗 fought，思考 thought。

八月 August，秋天 autumn。

7. [eɪ]、[aɪ]与[ɔɪ]

[eɪ]：①口形由[e]向[ɪ]滑动。发音过程中下颚向上合拢，舌位也随之稍稍抬高。②练习时，可以先发[e]音，然后再过渡到[ɪ]音，反复练习就可以发好这个音了。

[aɪ]：①[a]是个前元音(不是后元音[ɑː])，和汉语普通话"a"音相似。②从[a]向[ɪ]滑动。

[ɔɪ]：①开始部分舌位在[ɔ]和[ɔː]之间。②由上述部位向[ɪ]滑动，由圆唇变成扁唇。

【总结和朗读】结构：辅音字母+a+辅音字母+不发音的 e(Aa 在重读开音节中读字母本身音[eɪ])

放下 plate(盘子)，赶到 gate(大门)，已经 late(迟到)。

清晨 wake(醒来)，来到 lake(湖)，钓上 snake(蛇)。

【总结和朗读】结构：辅音字母+i+辅音字母+不发音的 e(Ii 在重读开音节中读字母本身音[aɪ])

一只 kite(风筝)，颜色 white(白色)，被狗 bite(咬)。

马上 hide(躲)，学会 ride(骑)，妈妈 pride(骄傲)。

【总结和朗读】[ɔɪ]通常是由组合字母 oy/oi 发出来的

燃烧 oil(油)，直到 boil(烧开)，倒进 soil(土壤)。

一群 boy(男孩)，玩着 toy(玩具)，抛起 coin(硬币)。

8. [əʊ]与[aʊ](书写的区别：[əʊ]中的[ə]写时不出头，[aʊ]中的[a]出了头)

发[əʊ]时，可先发[ə]音(舌中部抬起，牙床半开半合，短促有力)，然后再过渡到[u]音。

【总结和朗读】元音字母 Oo 在重读开音节里读字母本身音[əu]（即：辅音字母+o +辅音字母+不发音的 e）；字母组合 ow/oa 读[əu]

喝着 coke(可乐)，听着 joke(笑话)，把腰 broke(折断)。

【总结和朗读】字母组合 ow 读[əu]

天在 snow(下雪)，风在 blow(刮)，树在 grow(长)。

秋风 follow(跟着)，树叶 yellow(黄色的)，落到 pillow(枕头)。

【总结和朗读】字母组合 oa 读[əu]

穿着 coat(外套)，买块 soap(肥皂)，坐着 boat(木船)，到达 road(马路)。

【总结和朗读】Oo 在 ld 前读[əu]

老的 old，告诉 told，他很 cold(冷的)。

发[au]时，可先发[ɑː]音(舌尖不触下齿，口张大，舌身平放后缩)，然后再过渡到[u]音。

【总结和朗读】字母组合 ow 读[au]，如：ow 读[au]

不知 cow(奶牛)，近况 how(如何)，去向 now(现在)。

一座 town(城镇)，不停 down(往下)，快要 drown(淹没，淹死)。

【总结和朗读】字母组合 ou 读[au]

我家 house(房子)，躲着 mouse(老鼠)，张开 mouth(嘴巴)，对人 shout(大喊)。

9. [iə]、[ɛə]与[uə]

[iə]：①发[i]时注意用扁唇，嘴不要张得太开，以免发成[e]或[æ]。②舌身稍向后缩，从[i]很快滑向[ə]。

[ɛə]：①[ɛ]是个前元音，发音时舌尖触下齿，舌位半开，舌前隆起。②舌身稍向后缩，从[ɛ]很快滑向[ə]。

[uə]：①[u]不要发成[uː]。②舌身稍向前移，由从[u]很快滑向[ə]。

【总结和朗读】字母组合 ear/eer 读/iə/

离我 near(近的)，含着 tear(眼泪)，叫我 dear(亲爱的)。

一只 deer(梅花鹿)，举起 beer(啤酒)，大喊 cheers(干杯)。

这个 engineer(工程师)，事事 pioneer(当先锋)。

【总结和朗读】字母组合 air/are/ear 读/εə/

一只 hare(野兔)，居然 dare(敢)，对我 stare(瞪眼)。

困难 share(分担，分享)，互相 care(关心)，赶走 scare(害怕)。

天气 fair(晴朗的)，凉爽 air(空气)，吹拂 hair(头发)。

崭新 chair(椅子)，滚下 stair(楼梯)，需要 repair(修理)。

一头 bear(熊)，裙子 wear(穿着)，采摘 pear(梨)。

【总结和朗读】字母组合 ua/ure 读/uə/

二月(February)，旅行(tour)，确定(sure)。

(八) 易混淆辅音音素及其拼读规则的强化训练

(1)/f/与/v/的发音区别是：上面的牙齿一定要与下嘴唇摩擦。/f/声带不振动；/v/声带振动。朗读：five；fifteen；very；fifth。

(2)/ʃ/与/ʒ/的发音特点是：①舌尖和舌端抬向上齿龈后部，但不接触。②舌身两侧紧贴上颚，形成狭长的通道。③双唇略微突出，舌头呈瓢状。朗读：sure；usually；pleasure。

(3)ch/tʃ/和 sh/ʃ/的发音区别是：ch 读/tʃ/，有点类似中文"七"；sh 读/ʃ/，介于中文的"斯"和"西"之间的音。朗读：chair；check；shoe；shop。

(九) 成音节读音训练

英语辅音音素中有 3 个辅音/m/、/n/和/l/是响音，它们和辅音音素结合，构成的音节叫作成音节。成音节构成的音节往往出现在词尾，且处于非重读音节。其字母构成形式为："辅元辅"或"辅辅 e"，如：pencil /sl/；seven/vn/；national/nl/；people/pl/等。在教学中让学生掌握好下列成音节，既能帮助他们读准单词，也能帮助他们写准单词：①/dm/ madam；②/sn/ listen；③/dn/ garden；④/vn/ seven；⑤/zn/ season；⑥/tl/ little；⑦/bl/ table；⑧/pl/ people；⑨/dl/ noodle；⑩/kl/ circle。

二、运用学习策略，解决记不住的困难

(一)形象直观记忆策略

形象直观记忆策略就是通过直观形象的材料、方式和手段，让所学知识在听觉、视觉、触觉等方面留下深刻的印象。

(1)我们通常可以采用实物、图片、简笔画等直观手段来呈现和操练词汇。这也是最常用的词汇教学策略。例如，学习有关表情词汇的时候，利用表情包进行教学，学生既容易理解，又在快乐的氛围中记住了这些词汇(利用表情包或简笔画，师生对话如下。T：How does he/she look? S：He/She looks happy/angry/sad/lovely.)。

(2)我们还可以通过视觉和动作等形象手段来呈现和操练词汇。例如，在教 big 和 small 的这两个单词时，可以带一个气球到教室里来，让一个学生吹气球，其他学生喊 big 和 small。当气球吹大的时候，学生齐声喊 big、big、big；当气球变小的时候，学生齐声喊 small、small、small。课堂上学生情绪高涨，big 和 small 的朗读声此起彼伏，学生在活动中轻松地学会了这两个单词。再如，我们可以通过让学生掰手腕，来教学单词 win、won 和 winner。

(3)我们还可以用形象思维的方法来理解记忆词汇，达到加深记忆的目的。大家都知道，"up"的形象是"向上"，"down"的形象是"向下"，故含有"up/down"的一些词组就可以在大脑里浮现出"向上"和"向下"的画面，从而理解其含义。如，put up(举起)；put down(放下)；turn up(调大)；turn down(调小)；bottoms up(干杯)；fall on deaf ears，可以形象地理解为"落在聋子的耳朵上"，那其义当然就是"对牛弹琴"了。

(二)构词法策略

英语的构词法主要有：合成词法、转化法、派生法、混成法、截短法和词首

字母缩略法。掌握基本的构词法知识，对于正确地识记单词、扩大词汇量、提高记忆速度和记忆效果，培养学生的自学能力，具有非常重要的意义。因此，在词汇教学中要因势利导地讲解构词法的相关知识，让学生运用构词法知识理解词义和词性，积累和扩大词汇量。

1. 合成法的策略应用

将两个或两个以上独立且语义不同的单词合在一起构成新词的方法叫作合成法。合成法是一种比较灵活的构词方法，可以合成名词、形容词、副词、代词、动词等。例如：sportsman（运动员）和 airplane（飞机）是通过合成构词法构成的名词；kind-hearted，middle-aged，hard-working 等为合成形容词。利用合成法的策略，我们可以猜测某些单词的意义，例如，classmate 意为"同学"，其中 mate 是"伙伴"的意思；那么可以猜测出 deskmate 意为"同桌"，roommate 意为"室友"。

2. 派生法的策略应用

通过在词根前面加前缀或在词根后面加后缀构成一个新词的方法叫作派生法。要通过派生法理解和记忆单词的词义及词性，我们就需要掌握常见的前缀和后缀及派生规律。一般来说，前缀只改变词意，不改变词性；后缀改变词性和词义。由一个词根加上相应的词缀可以派生出名词、形容词、副词等，掌握派生规律对扩充词汇有很大帮助。

例如：由 interest 可以派生出：interest（n. → adj. → adv.）—interesting—uninteresting—interested—uninterested—interestingly。

又如：在复习教学中给出下列句子，让学生用括号中单词的适当形式填空，以此来检查学生对构词法的相关知识的掌握情况：

> rain, heavy, luck

Yesterday it was ①raining ②heavily. I hurried to school against the ③rain. ④Unluckily, I missed the bus and got wet all over. What bad ⑤luck today！

根据语境和句法分析：①处需要填"动词'下雨'的现在分词（raining）"；②处是动副结构，要填"副词'heavily'（猛烈地）"；③处介词后要接"名词'雨水'（rain）"；④处要填"副词'不幸地'（unluckliy）"；⑤处要填"名词'运气'

(luck)"。此练习中运用了"否定的前缀-un 和后缀-ly",以及词类转化的构词法知识。

再如:学生很容易把后缀-y 和-ly 构成的单词的意义和词性弄混淆。我们在讲解和训练时,着重把这两个后缀的含义讲清楚,学生就能区别它们的意义和词性。名词+y=形容词,"y"表示"多……的",sunny(多阳光的;晴朗的,);形容词+ly=副词,quickly(快地);名词+ly=形容词,"ly"表示"像……的;每……发生一次的",如:friendly 友好的, monthly 每月的。

(1)初中常见前缀。

dis- 表示"不",如:dislike 讨厌;disappear 消失;disagree 不同意;discover (发现)。

im- 表示"不",如:impossible 不可能的;impolite 不礼貌的;impatient 没耐心。

in- 表示"不",如:informal 非正式的;incorrect 不正确的;inexpensive 不贵。

un- 表示"不、非",如:unhappy;不快乐的;unlucky 不幸运;unable 不能够。

inter- 表示"在……之间,相互",如:international 国际的, interconnect 相互联系。

re- 表示"再、重新",如:review 复习;reuse 再使用;retell 复述。

(2)初中常见后缀。

①构成名词。

-er 表示人、物,如:teacher 老师;player 选手,运动员;cooker 厨具。

-or/ess 表示人、物,如:actor 男演员;actress 女演员;visitor 参观者;mirror 镜子。

-ist 表示人,如:copyist 抄写员;scientist 科学家。

-ian 表示人,如:musician 音乐家;Russian 俄国人。

-ment 表示行为,如:enjoyment 娱乐;movement 运动。

-tion/-sion 为名词后缀,如:competition 竞赛;discussion 讨论。

-ness 为名词后缀,如:kindness 善意;sickness 生病。

②构成形容词。

-able/ible 表示可能的,如:comfortable 舒适的;enjoyable 愉快的;possible 可

能的。

-ful 表示充满，如：beautiful 美丽的；useful 有用的。

-less 表示没有的，如：useless 无用的；homeless 无家可归的。

-al 表示"……的"，如：national 国家的；traditional 传统的；medical 医学的，医疗的。

-ous 表示"……的"，如：dangerous 危险的；humorous 幽默的。

-ing 表示"令人……的"，修饰物，如：exciting 令人兴奋的；interesting 令人有兴趣的。

-ed 表示"感到……的"，修饰人，如：excited 感到兴奋的；interested 感到有兴趣的。

-y 表示"多……的"，如：sunny 晴朗的；windy 多风的；noisy 多噪音的。

-ly 表示"像……的；每……发生一次的"，如：friendly 友好的；lovely 可爱的；monthly 每月的。

③-ly 构成副词，如：carefully 仔细地；luckily 幸运地。

3. 转化法的策略应用

英语构词法中把一种词性转化为另一种词性而词形不变的方法称作转化法。常见的转化有：

(1) 动词转化为名词。

例如：— Let's talk about it more. 咱们再谈谈这件事吧。

— I think we'd better finish the talk now. 我想我们最好现在结束谈话。

(2) 名词转化为动词。

例如：She gave me a cup of water. 她给了我一杯水。

You should water the flowers twice a day. 你应该每天给这些花浇两次水。

(3) 形容词转化为名词。

例如：She was wearing a black dress. 她穿着一条黑色的裙子。

The girl in black looks very beautiful. 那个穿黑衣服的女孩看上去很漂亮。

4. 混合法的策略应用

混合法主要是指从多个不同的单词中各选取一部分，再紧缩形成新词的方法。新词的前半部分通常表示属性，后半部分多表示主体。如：smoke 与 frog 两个单词各选一部分形成 smog，用于表示两个词汇的组成意义"烟雾"。

5. 截短法的策略应用

截短法是指将较长的词汇简化，形成便于读写的较短的词汇的方法。具体做法是截断词汇的头部或者尾部，剩下某个简易词汇。如，a. 截头：telephone→phone；b. 去尾：examination→exam；c. 截头去尾：influenza→flu。

6. 首尾字母缩略法的策略应用

首尾字母缩略法是指将单词的首字母相互结合起来形成新词。其读音分两种，一是各字母分别读音，二是形成一个单词进行读音。World Wildlife Found for Nature(世界野生生物保护基金会)简缩成"WWF"。

(三)思维导图策略

20 世纪 60 年代，英国心理学家托尼布赞创造性地提出了思维导图这一新概念。从英语词块的学习效果来看，思维导图可以有效提高学习者们的想象能力、创新能力、理解能力和英语应用能力，在英语词块学习中具有非常重要的价值(赵忱，2019)。首先，思维导图增强了英语词块的词汇拓展功能，提高了英语词块的积累量。其次，思维导图有助于实现同功能词块用法的归纳和总结，在一定程度上提高了学习者们对词块的记忆效果。最后，思维导图能够激发学习者自主学习英语。在思维导图引导的学习模式中，学习者是积极的意义建构者，是认知过程的主要建构者，学习者在绘制思维导图的过程中不仅可以自由地表达观点，也能够自由地扩展想象力(么海燕，2019)。思维导图虽然以某个词块为主题，其他词块依据与核心词块的隶属或亲缘关系逐层排列，但是这些外围词块却可以通过图片、文字、图像、视频或者动画等不同方式来展现。学习者们往往会借此把学习当成一种游戏，快乐地进行英语词块的学习，在很大程度上提升了他们自主学习英语的兴趣和能力。

记忆单词占据学生很多学习时间。通过思维导图，可以使单词的构成变得一目了然；也可以通过它来进行思考，将单词变成形象记忆，从而达到永久记忆。运用思维导图教会学习者记忆单词，不仅可以使得学习者的词汇学习形式更丰富，可以增强学习者对词汇的理解，还可以帮助学习者将词汇记忆难度降低，从而提高学习者的词汇记忆效果。那么如何利用思维导图帮助我们记忆单词呢？

首先，选择喜欢的思维导图主题方式，确定好一级主题，再根据学习内容确定好以一级主题为中心的分支主题。我们可以将单词按照意思、拼写、发音等整理好，将整理好的单词进行思维导图设计。

1. 音标构图

音标在英语学习中占据着举足轻重的地位，它不仅可以帮助学习者发音正确和准确地记忆单词，还可以帮助学习者做好课前预习，增强学习者的自主学习能力。在学习音标时可以将该音标的字母和字母组合进行归类，再延伸出发该音标所对应的单词。以音标[ə:]为例构建思维导图，复习不同的组合字母发相同的音，如图4.1所示。

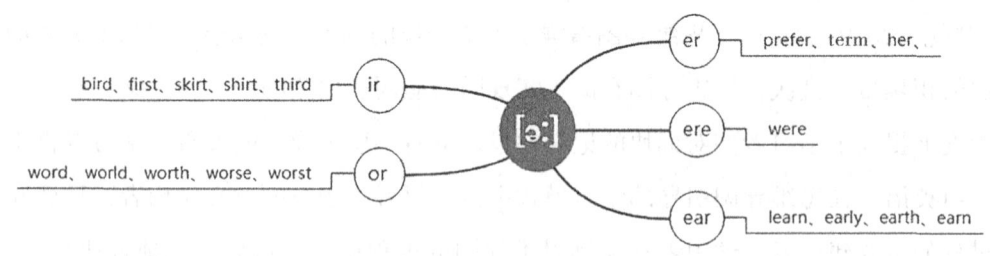

图 4.1

2. 意义构图

学习者可利用思维导图汇总相同类型的词语，形成词汇框架，以便增强单词记忆。单词和单词之间有着同义关系、反义关系、部分整体关系、从属关系等，我们在记忆单词时可以通过其单词之间的关系进行思维导图的设计，帮助学习者进行记忆，这样不仅可以系统、高效地记忆单词，还能帮助学习者更好地理解同义异形的单词区别。以动词"看"为例构建思维导图，学习一义多词，如图 4.2 所示。

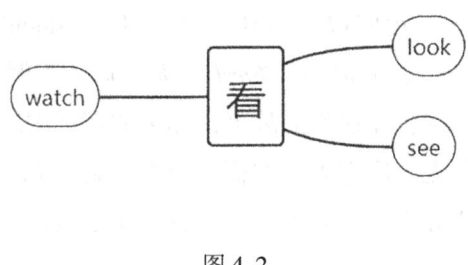

图 4.2

3. 拼写构图

在所有的英语词汇中，有很多单词都是有关联的，它们是在一个基础词汇的基础上演变而来的，我们在进行词汇拼写的思维导图设计时，要引导学习者以基础的、熟悉的词汇来作为中心词汇，将它的词根、词缀进行相对应的串联，让它无限派生，通过熟词记忆生词，慢慢地生词也变成了熟词。例如：在学习 able 这个单词时，它可以根据构词法演变派生为反义词 unable、disable 以及形容词 disabled，继而又引申出名词 ability 和反义词 disability。这样的串联，通过以旧带新的方式，帮助学习者们更好地记忆单词，如图 4.3 所示。

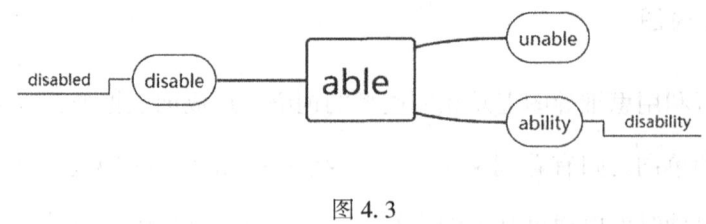

图 4.3

4. 复习构图

利用思维导图对已学习过的单元进行复习,也是对于学习者一个查漏补缺的好方法。利用思维导图的整体性和条理性,帮助学习者快速整理好学习内容,将单元话题设定为一级主题,由一级主题延伸出对应的单词、短语、主要句型和语法以及课文语篇的内容。我们以外研版九年级上册 Module 3 Hero Unit 2 *There were few doctors, so he had to work very hard on his own.* 为例,本文是一篇记叙文,是关于白求恩医生在中国救死扶伤的故事,那么如何利用思维导图帮助学生对本文进行梳理记忆呢?首先,确定本文的篇章结构,它是总—分—总的结构,在绘制思维导图时确定了要分为三个分支主题,分别是他是谁、他做了什么、在中国的影响,如图 4.4 所示。

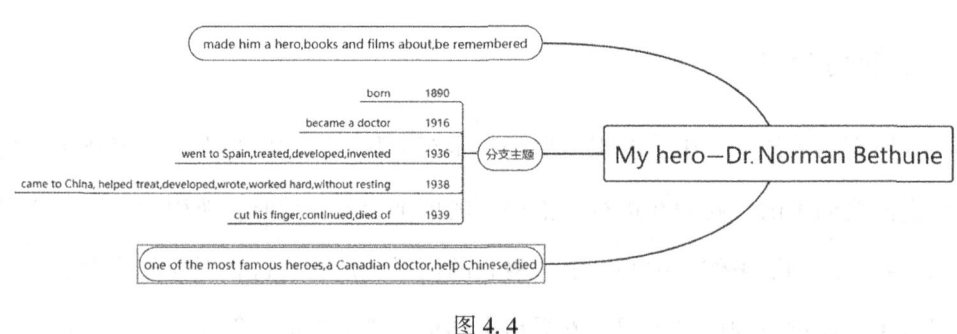

图 4.4

(四) 归类记忆策略

归类记忆策略是一种可以帮助学习者将要学习的材料经过分析并进行分类的

整理、再进行记忆的学习方法。它是从主题内容角度系统组织和解释的，学习者在经过一段时间的学习以后，积累了一定知识，将这些知识归类到各个主题中，再加以整理后发现其中的规律，便于学习知识者记忆。这样归类整理过的知识，就像是把这些知识归类储存在大脑中一个个小盒子里，当学习者需要时便可以快速从脑海中提取出来。

1. 按照单词的属性归类

我们常见的单词分类就是把英语单词按照它的单词属性进行分类，常见的单词分类有：名词(不可数名词、可数名词)、动词(不及物动词、及物动词)、形容词、副词、代词、连词、冠词、助动词、情态动词、介词、数词、序数词、基数词、感叹词、缩写词。以外研版七年级上册 Module1 为例，在我们学习本模块的单词时，首先看看共有几个单词，发现本模块共有 31 个单词；接着分析这些单词的类型，发现有名词、形容词、副词、介词、代词、连词、感叹词等，再将这些单词根据词性归类，最后进行记忆。这种方法，高效且不会遗漏单词。

2. 按照单词的发音归类

学习者在拥有了一定的单词量以后，可以将学过的单词按照其发音进行归类，这样不仅可以帮助学习者快速掌握单词的读音和拼写，还能让学习者对于单词的记忆变得更加准确、牢固，从而大大降低了学习者记忆单词的难度。那么如何帮助学习者将现有的单词进行归类呢？我们以字母 a 为例，在学习者学习了 name、plane、bag、dad、baby、cake、map、hat、black、back 这些词后，教师可以先引导学习者说出这些单词，再让学习者将单词进行发音归类。以上的单词可以分为开音节和闭音节中的读法，这样学习者在记忆单词或者将单词复现时就变得容易多了。

3. 按话题归纳词汇

按话题归纳词汇，既能培养学生总分总的思维习惯，又能系统地复习该话题的词汇。例如，在学完了外研版八年级下册模块三 *Journey to space* 之后，我们可以通过思维导图复习与本模块相关的话题词汇。

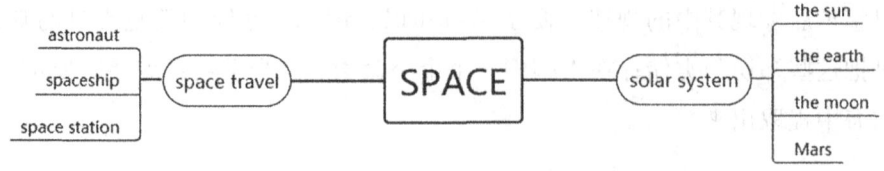

图 4.5

4. 按结构相似词汇来归类

在词汇中有许多单词，共有相同的前缀、后缀或者相同的词根，还有的共有相同的字母。可以将这些相似的单词归纳在一起，学生可以根据它们的相似之处，辨别不同之处，快速掌握这些单词，然后再设置恰当的语境来巩固、练习这些单词。例如(摘自"奇速优课"公众号)：

归纳含有"est"的单词，掌握其不同的拼写及意义，并在语境中进行练习。

Step 1 归纳含有"est"的单词。

Step 2 运用上述单词在语境中填空，并回答下列问题。

I want to be the best !

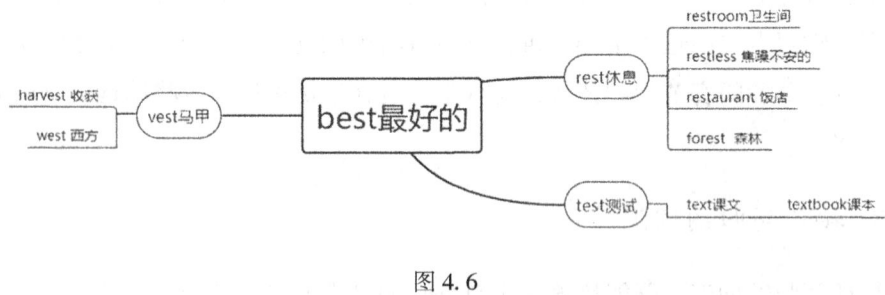

图 4.6

I want to be the _____ in the _____ by reading the _____ in the textbook. I need to _____ and use the _____ in the restaurant, or I will be

二、运用学习策略，解决记不住的困难

_____. I take off my best _____ and _____ apples in the forest. (best; test; text; rest; restroom; restless; vest; harvest)

Q1. How can the writer be the best in the test? (By reading the text in the textbook.)

Q2. Where does the writer use the restroom? (In the restaurant。)

Q3. What's the meaning of "take off" in Sentence 3? A. 扔掉；B. 脱下；C. 起飞；D. 关闭(A)

(五)联想记忆策略

词汇是语言学习的基础，它与听说读写四个技能息息相关。没有坚实的词汇基础，永远都不可能有机会畅游于美丽的英语语言海洋。在词汇教学过程中帮助学生展开联想的翅膀，即采用联想记忆策略能有效地提高学生记忆词汇的效果。

什么是联想记忆策略呢？Bower(1972)首先提出了联想词汇记忆策略。谷利红和刘小杏(2011：133)将其定义为："词汇联想记忆策略就是学习者为达到记忆词汇的目的，而借用各种相同或相近特征充当激活因素的学习策略。"联想记忆策略是指我们在记忆新单词时，借助熟知的单词并与之建立联系来记忆的一种方法。利用此方法记忆单词，一方面花费的时间减少；另一方面，也能对已掌握的单词加深印象(李影，2019)。

在词汇教学过程中，根据学情特点，教师可以采用以下几种方式进行词汇联想记忆教学。

1. 主题、词义联想

几乎每个版本的教材都是按照主题分编成各个单元。如人教版七年上册 Unit 9 *My favorite subject is science.* 学生在这个单元里谈论他们最喜欢的学校科目。教师可以先从学生最熟悉的两个词汇"Chinese, English"联想其他的科目，由简单到难，让学生慢慢接受。在输入新的科目词汇时，教师也可以利用每个学生擅长的科目对全班进行提问，如 Q1：What's Alice's favorite subject? Can you guess? 同学知道该生擅长数学，所以会用"数学或 math"，教师可以帮助学生把中文"数学"

转换成"math",在板书新词"maths"时,同时附上该同学的名字,给学生提供联想的线索,巩固记忆。接着问 Q2:Why is _____ her favorite subject? 引出相关的形容词,如 interesting, not difficult 等新词。再问 Q3:When does she have her favorite subject? 学生回答"On Friday",由此引出表达星期的词汇。学生熟悉的课程表也很好地给主题词汇创设了记忆平台。最后,以本课话题为中心,教师通过思维导图,引导学生运用联想记忆策略总结归类所学词汇,如图 4.7 所示。

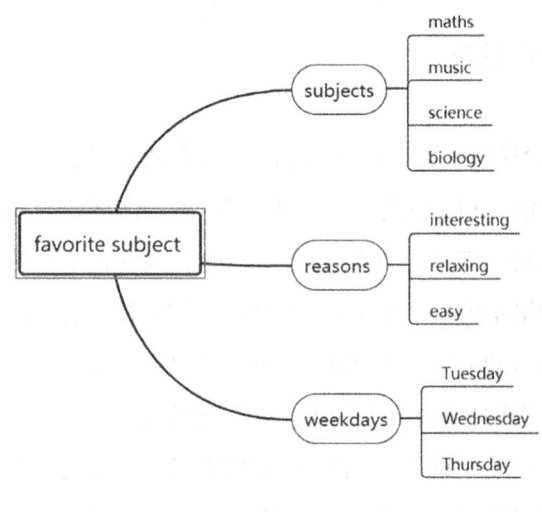

图 4.7

作业布置:让学生自己通过类似的方法按单元主题归类前面所学的词汇。帮助学生运用主题联想记忆词汇的策略。

2. 音形义联想

单词的发音犹如一首歌的旋律,能给听者留下深刻的印象。通过单词的发音联想类似发音的词汇,并且串成有意义的句子,使它读起来朗朗上口,有趣又简单。如 **D**a**d** put my **c**a**p** and **m**a**p** on his **l**a**p**. The **sn**ake eats the **sn**ack and **sn**ails, he has a **sn**eeze. 让学生模仿类似的方法,把学过的词汇串成一句话,在班上分享,使记忆单词变得有趣和简单。

此外英语中有许多音译词,如表 4.10 所示。

表 4.10

1	aids	艾滋	8	tofu	豆腐
2	ballet	芭蕾	9	kowtow	磕头
3	bar	酒吧	10	mahjong	麻将
4	bubble	泡沫	11	cartoon	卡通
5	carnation	康乃馨	12	typhoon	台风
6	carnival	嘉年华	13	bowling	保龄球
7	Confucius	孔夫子	14	calorie	卡路里

教师可以通过各种渠道获得这些和学生日常生活中有关的音译词，投影在PPT上，让学生通过发音猜测中文，待输入词汇后再由中文联想英文，进行小组比赛。通过发音，学生很容易打开联想记忆思维，让学习词汇变得有挑战性和刺激性。教师在激发学生兴趣后，抓住契机，布置搜索类似的词汇的作业，让学生形成主动学习行为获取更多的音译词。通过音形义结合，积攒一定量的词汇，初步形成学习英语的思维和语感，激发学生学习英语的兴趣和信心。

3. 同义、反义联想

利用同义和反义联想记忆策略，激活学生已知的知识导入新的词汇。同义联想如：tall-high；good— nice, kind, friendly；happy —glad, pleased, cheerful, joyful 等。反义联想如：love — hate；white— black；easy— difficult；strong—weak；fun— boring；fast— slow 等。逐一输入词汇后，通过小组竞赛氛围激发学生学习热情，提升记忆能力，巩固所学词汇，形成同义和反义联想学习策略。

联想记忆法丰富有趣而且灵活多变，只要教师多花心思学习，定能选择正确的联想记忆方式帮助学生轻松记忆词汇。

(六) 词块训练策略

英语学习的关键是词汇，而如何记牢词汇却是初中学生最大的困扰。面对一小段对话，甚至只是两个稍微长的句子，学生就望而却步，一筹莫展，不知从何理解。他们也很努力反复跟读，尽量利用音节记住单词的拼写，但是每次背单词数量无法背多，而且即使记住了单词的拼写，也往往记不住单词的意思，顾此失彼，也只能形成短期记忆容量。久而久之，学生就有很强的习得性无力感，渐渐失去学习英语的兴趣和信心。

针对传统英语教学过分强调语法的不足，Lewis 在 1993 年提出词块（lexical chunks）教学法，他明确指出"语言是语法化的词汇而非词汇化的语法，词汇是语言学习的核心"。他的主要观点是语言不是由传统语法和词汇构成的，而常常是由多词的、预制的语块构成。关于词块的具体定义，不同的研究者给出了不同的答案。陈伟平（2008）认为词块是形式比较固定，在真实交际中高频出现的语言现象，并且它融合了语法、语义和语境的优势。

综合不同学者的研究得出词块的两个显著特点——结构上的整体性和语义上的约定俗成性，我们可以这样给词块下一个定义：它是以整体的形式储存在大脑中，形式、结构和意义相对固定，出现频率高，可以被整体加工和提取的语言结构块。

了解词块的特点后，在我们的英语教学中如何根据学情应用词块教学法帮助学生更好地记忆词汇以提高自我效能感呢？教师要如何培养学生的词块意识并让他们明白词块在英语学习中的重要性？以外研版八年级下册，Module 4 Seeing the doctor Unit 1 *I haven't done much exercise since I have got my computer* 为例，进行词块教学。

1. 教师可以利用教材的话题内容和对话语境创设不同的词块记忆线索，帮助学生理解词块同时输入词块记忆

比如外研版八年级下册，Module 4 Seeing the doctor Unit 1 *I haven't done much exercise since I have got my computer.* 教师在引入话题后，通过音频或视频和朗读，根据对话设置问题帮助学生理解黑体划线词块。如：

Doctor：How can I help you?

Daming：I **feel ill**．I've **got a stomach ache** and my head hurts.

Doctor: How long have you been like this?

……

Doctor: Let me take your temperature… Hmm, there's no fever. What kind of food do you eat?

Daming: Usually fast food.

Doctor: Do you have breakfast?

Daming: No, not usually.

Doctor: That's the problem! **Fast food** and no breakfast.

That's why you've got a stomach ache.

……

Doctor: You spend too much time in front of the computer. It can **be very harmful to** your health.

Daming: OK, so what should I do?

Doctor: Well, don't worry. It's not serious. First, stop eating fast food and have breakfast ever day. Second, get some exercise such as running. And I'll give you some medicine. **Take it** (**medicine**) three times a day.

Daming: Thank you, doctor.

问题:

(1) What's the matter with Daming? He **feels ill**.

(2) Why has he **got a stomach ache**? Because he doesn't have breakfast and has eaten too much **fast food**.

(3) What do you think of fast food? It tastes good, but it **is harmful to** our health.

(4) What should Daming do to get well? Do more exercise and **take the medicine** on time.

通过问题的设置不仅可以帮助学生整体把控对话内容，同时可以强化文中词块的理解和加深词块的记忆，大大提高学习效率。

2. 根据表格(见表 4.11)输入词块

表 4.11

Illness	He 1)_____ and has 2)_____ and a headache
Why	Eat too much 3)_____, no breakfast, no exercise,…
Doctor's advice	➢ Get more exercise ➢ Fast food 4)_____ health, eat it less ➢ 5)_____ on time…

keys：(1) feels ill；(2) got a stomach ache；(3) fast food；(4) is harmful to；(5) Take medicine。

3. 通过不同的词块练习对学生进行词块强化训练，提高学生的自我效能感

例1：给出含有所学词块的句子，让学生翻译。

(1)汤姆生病了，他需要按时服药。(Tom **feels ill** and he needs to **take medicine** on time.)

(2)他肚子疼，因为吃太多快餐。(He has **got a stomach ache** because he has eaten too much **fast food**.)

(3)快餐对身体有害，我们应该尽量少吃。(Fast food **is harmful to** our health, we should eat it less.)

例2：根据图片写作。让学生写之前，教师先引导学生根据内容联想所学词块，培养学以致用的意识。

Sample: Tom doesn't go to school, because he **feels ill**. He always enjoys **fast food**, such as hamburgers, potato chips, fried chicken. Now, he has **got a stomach ache**. His mother takes him to see the doctor. The doctor advises Tom to eat more healthy food instead of fast food. Tom knows that fast food **is harmful to** his health, and he must follow the doctor's advice to **take the medicine** on time.

(七)元认知策略

元认知理论最早由美国认知心理学家 Flavell(1985)提出。元认知是个人所具有的关于自己思维活动和学习活动的认知与监控,它通常被定义为任何以认知过程与结果为对象的知识,或是任何调节认知过程的认知活动(董奇,1989:68)。可见,元认知理论对于提高认知、智力开发、促进学生高效学习等方面具有重要意义。因此,在教学中教师首先要向学生介绍元认知的相关理论,让他们知道:元认知策略是在自我认知的基础上,对学习活动进行监控与评价;它具体包括三种开展形式:计划策略、监控策略和评估策略。其次,要让学生运用好"计划策略",制定出适合自己的学习计划和预期目标;运用好"监控策略"是对已经进行的学习计划的监督,包括学习方法、学习成果和主动意识等;运用好"评估策略"对学习目标完成情况作出的自我评价,检验学习方法是否有效,并进行改进和自我反思。在教学中,我们一方面辅导学生制订学习计划(见表 4.12、表 4.13),另一方面调动学生自主监控和相互监控学习计划的完成情况,同时做好词汇完成效果的自我评估,并做好词汇错题集和词汇积累的记载,确保元认知策略在计划、执行、反思和自我评价中得到较好的应用。

每学期词汇学习计划表(见表 4.12)

表 4.12

时间安排	学习目标	执行情况(重新听写或默写本时段未过关的词汇)	本学期积累词汇
1. 学期分每天、每周、每月、考试前后的循环学习	掌握本学期的词汇		

续表

时间安排		学习目标	执行情况（重新听写或默写本时段未过关的词汇）	本学期积累词汇
2. 每周的具体到天的词汇学习（周1-20）		掌握本周的词汇		
第1月	周1	掌握周1的词汇		
	周2	掌握周2的词汇		
	周3	掌握周3的词汇		
	周4	掌握周4的词汇		
3. 每月集中复习		掌握本月的词汇		
第2月	周5	掌握周5的词汇		
	周6	掌握周6的词汇		
	周7	掌握周7的词汇		
	周8	掌握周8的词汇		
4. 每月集中复习		掌握本月的词汇		
第3月	周9	掌握周9的词汇		
	周10	掌握周10的词汇		
5. 期中考试前集中复习		掌握期中考试前的词汇		
第3月	周11	掌握周11的词汇		
	周12	掌握周12的词汇		
6. 每月集中复习		掌握本月的词汇		
第4月	周13	掌握周13的词汇		
	周14	掌握周14的词汇		
	周15	掌握周15的词汇		
	周16	掌握周16的词汇		
7. 每月集中复习		掌握本月的词汇		
第5月	周17	掌握周17的词汇		
	周18	掌握周18的词汇		
	周19	掌握周19的词汇		
	周20	掌握周20的词汇		
8. 期末考试前集中复习		掌握期末考试前的词汇		

词汇学习周计划表(见表 4.13)

表 4.13

时间安排	学习目标	执行—自我检测 (默写或听写)	反思—自我反馈 (记录未过关的词汇)	自我评价 (%)
Monday	掌握本模块 10 个词汇的音、形、义			
Tuesday	掌握本模块 10 个词汇的音、形、义			
Wednesday	在对话中运用这 20 个词汇			
Thursday	掌握本模块 20 个词汇的音、形、义			
Friday	在课文中运用这 20 个词汇			
Saturday	复习巩固本模块前 20 个词汇			
Sunday	复习巩固本模块后 20 个词汇			

(八) 情感策略

欧麦力(O'Malley)和萨默特(Chamot)(1990)根据信息处理理论将学习策略分为三大类别：元认知策略、认知策略和情感策略，他们认为社会情感策略包括合作、提问以达到澄清的目的、减低焦虑程度、自我鼓励等策略词。欧阳建平(2008)认为英语学习情感策略是指学习者在英语学习的过程中控制和调整自己的心情、态度、动机等的方法与能力。因此在教学中我们可以采用下列教学方式，增强情感策略的运用。

①采用合作学习方式，减低焦虑程度。情感策略是词汇学习中不可缺少的策

略,因为不同层次学生学习词汇的焦虑程度是不同的,学困生特别需要使用情感策略,他们在合作学习中或者在他人的帮助学习中,能够更容易地学会拼读单词和掌握一些基本的单词认知策略。

②运用多种手段,激发学习词汇的动机和兴趣。学困生不愿意记单词,其原因是多方面的,其中缺乏学习动机和兴趣也是很重要的原因。我们可以结合名人学英语的励志故事、有关英语重要性的宣传片激发学生的学习动机;同时,通过以下手段激发学生学英语词汇的兴趣,如:教唱英文歌曲,帮助他们记忆单词;运用单词软件,辅助记忆单词;可以观看英文电影,在动画中理解词汇。

③营造和谐平等的教学氛围,培养学生积极的情感态度。在课堂英文交流活动中,我们尊重学生的不同答案,有策略性地纠错,保护他们的自尊心。当学生回答不出问题的时候,教师耐心地引导和提示,让他们最终能够说出答案,从而获得成功的喜悦,增强自信心。在课外主动用英语和学生打招呼,坚持这么做,学生也能用简单的英语和老师打招呼。所有这些都增进了师生的友情,为学习英语奠定了积极的情感态度。

(九)阅读积累策略

在日常阅读的教学活动中,我们要注意分析阅读与词汇教学之间的逻辑联系,引导学生掌握恰当可行的阅读积累策略,在阅读中积累词汇的常见策略有以下几种:

1. 阅读以句带词

日常词汇教学难免会造成单词的孤立零散,通过阅读句子积累词汇可以避免单纯背单词但不懂如何去运用的弊端。在以句带词的学习过程中我们能够更准确地理解每个单词在不同语境中的含义,阅读语境提供了词汇的实际意义。如要求学生们背诵句子"My favorite subject is science."比要求他们单纯地死记硬背"science, favorite"及"subject"要快得多。所以,如果我们每天引导孩子们阅读一个英文句子,一定会超过单纯背诵二十个单词。

2. 读前重点整理

在我们日常的阅读教学中，在阅读之前我们要先引导学生整理相关词汇，扫除阅读障碍。要整理的词汇主要为会影响学生课文理解，而且不可通过上下文推测其意义的词汇，还有一些对理解文章起关键作用的重点词汇。所整理词汇的意义应尽量符合该词汇在课文中的意思，避免在阅读过程中引起歧义。如 put on 这个短语有如下含义：①穿上；②上演；③拨快；④增加。如果学生在阅读之前只知道 put on 表示穿上，就不能正确理解 A film will be put on tonight in the cinema. 这句话的意思。所以，在本部分词汇认知过程中，我们要认真研究阅读材料，努力创设与阅读相关的情境，引出重点词汇，扫除阅读障碍。

3. 读中猜词悟义

在引导学生阅读的过程中，我们要牢记我们的主要目的是让学生理解文章，通过文章得到所需要的知识信息。所以我们要不断强化学生对陌生词汇的分析与感悟，引导学生依据已掌握的熟悉的单词对新单词进行大胆的猜想。如：

The little boy picked up a stone and threw it at the window, and it was broken.

A. 捡起　　　B. 收听到　　　C. 收拾

本题题意为"这个小男孩____一块石头朝窗户扔去。窗户碎了"，学生们可以通过 stone 石头，throw 扔向，window 窗户展开推理，从而得出正确选项应为"A. 捡起"。所以我们在日常的教学过程中应引导学生在阅读过程中通过对单词的揣摩与领悟，最终达到猜词悟义的阅读境界，提升学生英语思维能力与语感，进而达到在阅读过程中逐渐积累词汇的目的。

4. 读后归纳总结

阅读之后我们要设计有效的活动检测学生的阅读效果。对每一个同学来说，知识从理解到掌握都需要一个漫长的过程，读后活动的设计可以帮助学生拓展语言知识运用，巩固阅读成果。如：在阅读后我们可以借助图片或关键词来让学生进行课文复述，以达到检测的目的。如学完外研版八年级上册 Module 7 A famous story Unit 2 *She was thinking about her cat.* 之后教师可以给出以下图片引导学生对课文进行复述。

图 4.8

学生要复述课文，必须提前熟知课本内容，利用自己所熟知的词汇及句型，结合新授词汇完成复述任务，达到积累新词汇的目的。

另外我们还可以对该阅读材料的目标词汇进行挖空练习，在检测目标词汇的同时也考察了学生们对课文的整体理解能力。

如学完外研版八年级上册 Module 12 Help Unit 2 *Stay away from windows and heavy furniture.* 之后，可以给出如下材料引导学生巩固和积累以下词汇：

What to do in an earthquake?

Earthquakes always happen suddenly. So it's difficult 1. _____（warn）people about them. What should you do if you are 2. _____（在……里面）a building? Here is some advice.

Do not jump out of high buildings. Hide 3. u_____ a table. Stay away from 4. w_____ and heavy furniture. 5. _____（不和……接触）fires. Leave the building quickly when the ground stops 6. _____（shake）but do not use the lift. You should keep 7. _____（镇静的），especially when you are with other people. Remember to be 8. b_____ and be 9. _____（help）. You can be safe and you can also help save others in the 10. e_____ .

keys：1. to warn 2. inside 3. under 4. windows 5. Keep clear of
　　　6. shaking 7. calm 8. brave 9. helpful 10. earthquake

学生们在此练习题中不仅熟悉了课文、积累了本单元的新授词汇，还复习了大量的语法项目，学完本单元之后他们都能很好地完成本次练习，而且感觉很有成就感。

总之，学生在学习英语的过程中，只有在阅读中积累大量的词汇和正确的用词方式，才能准确表达自己的意思，最终达到培养语用能力和提高语言综合实践能力的目标。

(十) 简笔画理解记忆词汇的策略

简笔画是一种利用简单的点、线、面等符号来表现物象基本特性的，简略而直观、形象、鲜明、生动的绘画形式。在初中英语词汇教学中，教师恰当地运用简笔画，能引起学生对英语词汇的关注，促使学生保持高度集中的注意力，刺激学生产生丰富的想象，辅助学生建构生动直观的词汇表象，提高英语词汇学习效率，增强记忆词汇的效果。

1. 运用简笔画，讲解形象和抽象的词汇

简笔画不仅能够使形象化的词汇更加直观生动，而且也能使抽象化的词汇形象化地被理解。例如：在课堂上用简笔画教学 steal 和 punish（见图 4.9）。

图 4.9

2. 运用简笔画创设情景教学词汇

简笔画是创设教学情景的一种比较好的方法和手段。在词汇教学中，我们运用简笔画创设情景，学生能够更直观、更形象地理解词汇的意义，并在情景操练中掌握好词汇。例如，在学习人教版九年级第一单元的时候，单元话题是"How can we become good learners?"，该话题词汇是与学习有关的，但比较抽象，故难以理解和记忆。为此，我们可以通过简笔画来创设情景，让学生在情景中理解和掌握这些抽象的词汇。

图 4.10：T：What is she doing?　Ss：She is <u>reading aloud</u>.

（3）read aloud

图 4.10

图 4.11：T：What are they doing?　Ss：They are learning <u>grammar</u>.

（4）grammar

图 4.11

图 4.12：T：What is he doing?　Ss：He is <u>making notes</u>.

(5) note

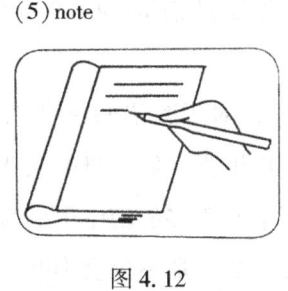

图 4.12

三、应用"运用"策略,解决不会用的困难

(一)查字典和读英文报等的资源策略

查字典是利用工具书解决词汇学习中遇到困难的一种策略。首先,要求学生购买一本含有词汇讲解的字典,并且能够随身携带着查阅和记忆单词;其次要求学生不要一遇生词就开始查字典,要在通过上下文猜测生词的词义之后,再通过查字典来验证猜测词义的准确性,然后根据字典上的例句理解该单词的不同用法;最后要求学生在字典的帮助下记住该生词的音、形、义。利用这种方法,不仅可以培养学生在语境中理解词义的能力,也循序渐进地积累了许多单词。

报刊学习词汇的策略,是指利用报刊了解英语国家文化背景、了解日常生活用语、提高英语阅读能力。报刊具有时效性、趣味性、时尚性和现实性等特点,是课外学习英语的一种很好的资源。学生不仅能够了解当今世界发生的时事政治、经济、娱乐文化等方面的信息,而且还可以掌握时下常用的英语词汇和短语,对提高英语非常有益。因此,首先要根据学生的英语基础和爱好选择适合他们的报刊,然后要求学生安排课余时间,有选择性地阅读,并且把好的字词句抄录在笔记本里面,在口笔头表达的时候随时可以翻出来借用,学生如果发现他们阅读过的词汇派上了用场,就进一步激发了他们阅读报刊的欲望。

(二)阅读中根据上下文词义猜测训练策略

俗话说"得阅读者得天下",对于英语阅读亦然。阅读各种题材的文章,不仅可以开阔我们视野,而且可以增强我们自身的文化素质。然而,在阅读中不可以避免地会遇到新词,对于词汇并不多的初中生而言是一大障碍。教师如何帮助学生解决这一问题?停下来查字典?那不仅会中断阅读思维,变成碎片思维,无法宏观整体把握文章大意,养成被动阅读的习惯,而且阅读速度会很慢。久而久之,这种方式会让学生觉得学习英语很"麻烦",很无聊。作为教师,我们可以教会学生利用上下文、字里行间的含义对新词进行大胆猜测的阅读策略。同时,也告诉学生阅读中遇到新词是常态,要放松阅读。

英国著名语言学家兰多夫·夸克(Randolph Quirk)认为:"我们只有见到一个词在上下文中实际运用的时候,才能谈这个词的词义。"英语中一个单词的词义主要通过上下文(context)体现出来。如:

(1) My birthday is coming, and would you like to come to my **party**? (派对)

(2) She has been in the Communist **Party** of China for more than forty years. (党)

(3) She has collected coins and **note**s for many years. (纸币)

(4) When listening to the teacher in class, she needs to take **note**s from time to time. (笔记)

因此,通过上下文线索推测词义是提高英语阅读理解能力和阅读速度的重要手段之一。所谓上下文线索是指一个词或词组所在的那个句子、段落乃至整篇文章。在英语阅读过程中,常见的上下文线索有以下几种:

(1)定义上下文线索(definition context clues)。

所谓定义上下文线索是指对某一种事物的特征进行描述或者是概念上的说明、阐述。比如:

… <u>Zoology is everything about animals</u>. And <u>people who study it</u> are called **zoologist**s. They want to learn about the <u>differences between different kinds of animals, where they come from, and how they live</u>. … (2020年海南省中考英语)

在这段文字中,教师可以通过以上画线部分的内容线索让学生尝试猜

"zoologist"(动物学家)的含义。可以说出研究动物的人、了解动物之间的区别的人等，那学生大概就可以得知这个新词的含义了。

(2)举例上下文线索(example context clues)。

顾名思义，举例上下文线索就是通过举出一个或一些例子对某个词或词语进行解释。通常带有信号词，如 for example, such as, like 等。例如：

Many children become attached to some **inanimate object**, such as a blanket or soft toy. 学生通过 such as 后面的例词大概可以猜测"inanimate object"的意思为类似毛毯或是柔软的玩具的一种物体、东西。

A person who has the flu may have several **symptoms** like having a bad cold and high temperature. 通过后面的 a bad cold, high temperature 和联系前面的"flu"以及"have"的搭配，推断"symptom"为"情况、状况、症状"。

(3)推理上下文线索(inference context clues)。

通过上下文所给的信息，读者可以推理出一个生词的意思，这个上下文线索就是推理上下文线索。例如：

Before icecream was sold in stores, it was made and kept at a very low temperature first. It took a lot of work to mix cream, eggs, fruit and ice. Nancy Johnson, an American woman who was good at machines, invented the icecream **freezer** in 1846. Five years later Jacob Flusell opened the first icecream factory in Baltimore, Maryland. (2019 年海南省中考英语)

根据"冰激凌""在非常低的温度制作并保存""机器"等词可以从三个选择中(A. 品种；B. 冰柜；C. 配方)猜测出最适合该词的具体意思。

(4)同义词上下文线索(synonym context clues)。

英语的词汇丰富多彩。为了避免枯燥、单一地使用同一词汇，作者往往会选用不同的词或短语来表达。利用这一特点，读者可以从新词的"邻居"，即它的同义词或者是近义词入手，从而猜测词义。例如：

Energy A robot needs to be able to power itself. Some robots might power itself with sunlight, some might with electricity, while others with the battery(电池). The way your robot gets its energy will depend on what your robot needs to do.

Intelligence A robot needs some kind of "smarts". A programmer is the person who gives the robot its "smarts". The robot will have to have a certain way to receive the program so that it knows what it is to do. （2019年广东省中考英语）

上文"power""sunlight""electricity battery"等词都可以推测出与"energy"相关含义的内容。而"robot""smarts"更直接诠释了"intelligence"的含义。

(5)反义词上下文线索(antonym context clues)。

通过相对应的反义逻辑推理，根据它所在的上下文线索来推测出一个生词的意思。例如：

In the past, most Western people thought Chinese products were cheap and **unreliable.** But now, things have changed greatly. More people trust Chinese brands. "Made in China" becomes cool. "They are beautiful and offer something special that American phones don't have," an article on CNN once said about Chinese smartphones. (2018年海南省中考英语)

根据文中"but""changed greatly""trust""cool""beautiful"等一系列与上词文风相反的词，推断"unreliable"至少在文中表达的是对中国产品的贬义描述，再具体到"trust"可以推断出"unreliable"意为"不可信赖的"。

教师在训练学生利用上下文线索猜词义时要注意以下两个方面：

(1)选用适合学生阅读水平的文章对学生进行猜测词义的训练。猜测词义是建立在学生的已知词汇中，根据上下文线索进行词汇猜测。切不可选用新词过多的文章，那样不仅没效果，反而会适得其反，会让学生觉得词汇猜测简直是"天方夜谭"，产生望而却步的心理。

(2)为了降低猜测的难度，可以给出几个词义让学生进行选择，再慢慢过渡到让学生自己组织语言进行猜测、表达。

总而言之，教师在引导学生猜词时要循循善诱，耐心地帮助学生一点一点地在上下文中挖掘线索，正确猜测词义。同时也能训练学生深度阅读的一种良好习惯，可谓一举两得。在实际教学中，教师还要抓住任何可以培养学生猜词义的机会，培养学生利用上下文猜词的意识，帮助他们建立猜词的思维，教会他们猜词的技巧。让他们敢于挑战自我，做个有勇有谋的词汇猜测"福尔摩斯"。

(三) 每周词汇语境填空训练策略

词汇语境填空策略，就是根据上下文语境或者根据整个语篇的语境，完成

"单词填空或者选词填空"任务的一种策略。词汇语境填空题型是许多地省市的必考题型,而学生在学完词汇之后很容易忘记,因此,每周训练词汇语境填空就很有必要了。例如,既可以在讲解词汇的时候,运用语境呈现和操练单词;也可以在课后训练单句语境词汇填空题型和语篇语境词汇填空题型。

1. 在语境中呈现和操练词汇

例如:在讲授生词 invite 这个单词的时候,教师向学生呈现下列对话 A:I didn't see you at Nancy's birthday party last night. B:She didn't invite me. 然后让学生猜出 invite 的意义,最后在当堂训练时,又给出相应的语境,让学生应用 invite。

2. 每周训练词汇语境填空题型

例如:当学完外研版八下第一模块的感官系动词后,教师可以让学生用 smell, taste, look, feel 的适当形式填空。通过语境和语法分析,得出答案分别是:①felt;②smell;③looks;④taste。单句语境如下:

①After this sports meeting, he _____ very tired.

②Look! The flowers have come out. How sweet they _____.

③Jack got good marks in the exam, so today he _____ very happy.

④We all enjoy mooncakes because they _____ good.

再如,在学习有关太空旅行话题之后,教师可以设计诸如在语篇中选词填空的练习,检查学生对本话题相关词汇的掌握情况。练习如下:用方框中的单词的适当形式填空。

> arrive; discover; planet; send; yet

On today's news, Tony has heard that scientists have _____ a spaceship to Mars and it has _____ on the _____ after a journey of several months from the earth. Scientists have not _____ life on Mars _____. And no astronaut has ever been to Mars because it is very far away.

首先让学生回忆起所给单词的意义,然后通过语篇中的上下文语境意义需求以及句子语法结构分析,分别填上下列单词:sent, arrived, planet,

81

discovered，yet。

（四）新词造句策略

新词造句策略，就是运用所学的生词，造出一个有意义的、符合语法规则的句子；通过造句，达到活用所学生词的目的。例如，在新授生词之后，教师通常可以进行口头造句练习，强化学生对生词意义的理解和运用。下面是外研版八年级下学期模块三第一单元所学的生词，以及学生所造的部分句子。

1. 地球 n. earth   eg. The earth goes around the sun.
2. 月亮；月球 n. moon   eg. The moon goes around the earth.
3. 新闻 n. news   eg. Here is the news about the trip to Mars.
4. 行星 n. planet   eg. We all know the earth is a planet in the solar system.
5. 到达 v. reach   eg. The plane has left Sanya. It will reach Beijing in three hours.
6. 还，尚 adv. yet   eg. A：Has the bus arrived yet? B：Not yet.

（五）词汇串新知策略

词汇教学的落实是一件非常重要的工作。在教学中，教师可以采用多种形式巩固和运用词汇，如采用"词汇串新知"的训练就是一种很好的训练策略。在学完课文中的单词和对课文的理解之后，可以先让学生根据汉语默写单词，然后根据本课话题将这些单词重新构成语篇，再让学生在语篇中填出这些单词，这样既复习巩固和运用了单词，又对所学的课文话题有了进一步的了解。

例如：在学完外研版七年级上册模块三第二单元的课文之后，可以通过下面两个练习强化巩固本单元单词的记忆和运用。

(1) 根据汉语默写下列单词。

① n. 建筑；建筑物 _____   ② n. 饭厅；饭堂 _____

③ n. 大门；出入口 _____   ④ n. 大厅；会堂 _____

⑤ n. 图书馆，藏书室_____　　⑥ n. 办公室；政府机关_____

⑦ n. 运动场；操场_____　　⑧ n. 科学；科学课_____

⑨ n. 实验室；研究室_____　　⑩ prep. 在……后面_____

（2）根据短文内容和所给首字母提示，在空白处写出单词的正确形式，每空限填一词。

I'm a student in Xinhua Middle School. My school is very big. There are about 2,000 students in our school. There is a tall b_____ near the school g_____, the classrooms and the teachers' o_____ are in the same building.

There is a l_____ behind the building. We can borrow（借）some books from it. Next to it is our science l_____. It is f_____ science. We have a gym in our school, and it is b_____ the science building. There are many trees and flowers in our school.

Our school is very nice. I like it very much.

（答案：building, gate, offices, library, lab, for, behind）

（六）口笔头表达活用策略

作为一门语言学科，英语最重要的功能之一是沟通和交际功能，英语的口笔头表达能力成为检测英语能力的一项非常重要的指标。在日常教学中我们可以通过以下几点引导学生在口头表达和书面表达中达到活用的目的。

1. 抓实课前词汇构建

在每个模块开始之前可以利用思维导图给学生们布置相关的词汇构建活动，孩子们需要构建与本模块话题相关的单词、短语、句型、语法以及相关的阅读材料等。教师可根据班级实际情况进行小组得分量化，提高孩子们的参与率与参与热情。让不同层次的孩子经过词汇构建活动之后都能对本话题有话可说，有内容可写。如学习外研版九年级下册 Module 7 English for you and me. 之前可以给学生布置以下思维导图进行词汇构建：

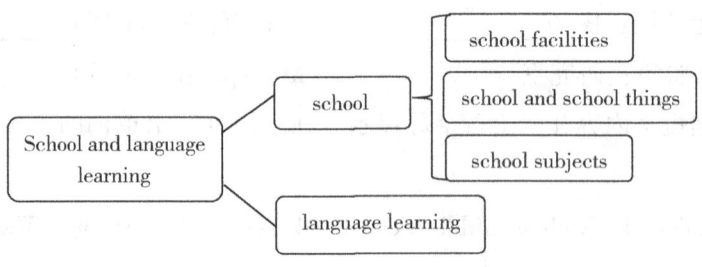

2. 创造良好课堂气氛

课上我们要综合所教学生特点、所使用的教材内容、可实施的教学方法及自身的特点创造性地开展诸如"Brain Storm"等教学活动，可以高效地激活课堂。如学习外研版八年级上册 Module 4 Planes, ships and trains Unit 1 *He lives the farthest from school.* 时，我们可以设计如下的 Brain Storm：What kind of transportations are there in our daily life? 经过学生们的发散抢答，归纳出了 plane, train, ship, bike, car, bus, taxi, subway, underground, motorbike, bicycle, truck, boat 等常见交通工具，除此之外学生们还可以补充 rocket, spaceship, UFO, coach, horse, donkey, cow 等交通工具，由此来提高学生的学习兴趣和词汇积累能力。

总之，我们要利用各种教学活动激活学生的学习热情，强化学生敢于自我表达的自信，培养学生兴趣，唤醒学生潜能。

3. 设置合理教学情境

我们要精选和教材内容相关的材料，创造性地设置合理的情境，让学生置身于一个真实的语言环境中，在对语言材料进行阅读之前可以让学生根据与本课教学情境相关的一系列的词汇串口头或书面编写一些与课文有关的小故事，这样学生就能够以课文为背景，充分发挥想象力去感悟语言材料，既能激发学生学英语的兴趣，增长知识，又能培养学生快速积累词汇以及使用英语进行交际的能力，提高其语言综合运用能力。

如学习外研版八年级上册 Module 8 Accidents Unit 1 *While the lights were changing to red, a car suddenly appeared.* Activity 3 之前，可以给出如下的词汇串：

boy, bike, music, light, red, car, appear, mobile phone, hit, fall off, hurt, knee, hospital。

同学们根据词汇串推测出了 Activity 3 的内容，对所学内容进行了预测，同时积累了大量与本教学情境相关的词汇。

4. 引导学生归纳总结

一篇对话或文章教完之后，我们可以在黑板上板书几个 key words 让学生根据所给词汇提示自己去改编对话或进行扩写，第二天让他们讲述并请同学们共同评论。如针对外研版八年级下册 Module 1 Feelings and impressions Unit 2 *I feel nervous when I speak Chinese* Activity 2 阅读材料，我们可以利用思维导图给出如下词汇引导学生进行归纳：

Sally
- appearance → tall, short fair hair, glasses, jeans, T-shirt, warm coat
- hobbies → classical music, dancing, sports
- feelings → a bit sad, quite shy, nervous, fine, sorry, afraid, excited

这样，可以促使学生相互探讨、相互交流、相互启发。因为提前做了充分的准备，孩子们也会积极参与。学生在实践中大量积累了与本阅读材料相关的词汇，同时也发现了自己的潜能，尝到了成功的快乐，激发起自觉学习的积极性，无形中也培养了良好的语言学习习惯。

总之，我们要积极开展学生喜闻乐见的各种活动，为每个学生提供更多的口笔头练习的机会，使学生在英语活动中通过合作交流，不断在口笔头表达活动中积累词汇，提高自己的英语综合运用能力。

(七) 同义词近义词区别策略

英语作为一门语言，在不断发展的过程中出现了许多的同义词和近义词。一般来说，同义词分为绝对同义词和相对同义词（absolute synonym and relative synonym）。顾名思义，绝对同义词即为词或词组有着完全相同的意义概念，不分场合，可以替换，没有雅俗和褒贬的区别。相对同义词是指那些具有共同基本意义，又有细微意义和用法的差别的同义词，例如：till 和 until。英语的同义词在词义、感情色彩、语体、搭配和语法功能等方面存在不同程度的差异，因此，在教学中要让学生了解同义词在不同方面的差异，从而掌握它们的不同用法。

(1)了解同义词在词义方面的差异，掌握它们在内涵、外延、程度以及范围上的区别。

例如：tell，speak，say，talk 这四个词，在词义方面既有内涵和外延上的区别，又有涉及语法功能方面的及物和不及物的区别。

(2)运用介词和副词本身的不同意义，掌握同义词在搭配方面的差异。

例如：be full of 和 be filled with 都有"充满、装满"的意思，但是它们所搭配的介词截然不同。"fill… with…"（用……装满……），with 有"用"的意思，而"be full"后面搭配"of"。

(3)掌握同义词感情色彩方面的差异。

同义词根据其感情色彩可以分为褒义词(commendatory sense)、中性词(neutral sense)和贬义词(derogatory sense)。众所周知，英语中有些单词除了有表意的成分之外，还有表情的成分，即带有浓厚的感情色彩。如 haste，speed，hurry，这些名词均含"迅速，急速"之意。haste 用作褒义时，指动作迅速，事情做得又快又好，用作贬义时，指做事急躁，行为鲁莽，达不到预期的效果；speed 多用于褒义，指行动敏捷快速，效果好；hurry 指急速从事某项活动或匆忙应对一件事情，含有慌乱的意味。

(4)掌握同义词在语法功能等方面的差异。

有些英语同义词虽然词义相同，在语法功能上存在差异：有的是词性方面的差异，如：job 与 work 有可数名词与不可数名词之分；有的是位置的不同，如：too/also/as well 的区别，too 和 as well 通常位于句末，also 通常位于句中。

(八)应用中考题型强化词汇运用的策略

1. 考试题型解读

词语运用题型主要考查学生在特定语境中对词汇及短语的灵活运用能力。一部分题型是在句子(小语境)中："根据句意及所给的词首字母或汉语提示，补全单词",另一部分是在语篇(大语境)中:"完形填空或选用方框中所给词的适当形式完成短文"。能力考查为"能用意义和形式都恰当的单词使语句表情达意";涉及的英语学科核心素养是"在语境中运用词汇的语言能力"。

试题的主要考查点是名词、数词、形容词、副词、动词及常用动词短语。

(1)名词:名词单复数、名词所有格以及星期、月份等特殊名词的拼写。

(2)形容词和副词:形容词与副词的选用及形式转化,形容词与副词的比较级等级。

(3)数词:基数词变为序数词的规律。

(4)动词:动词的一般现在式、过去式、过去分词、现在分词、动名词-ing形式以及动词不定式、动词短语的拼写及用法。

2. 解题方法及技巧

【单句填词】I. 阅读全句,理解句意,依语境确定所填单词的意义。

正确理解全句有助于准确判断所填的单词。若只看所填词的提示而忽略整个句意,往往理解有偏差或填错单词,故应该通过上下文语境来推测所填单词的意义。

e. g. In front of my village is a clear r_____ . I used to go fishing with my parents there.

【解析】根据下文中的"去钓鱼 go fishing"可以推测此处应该填"小河 river"。

II. 认真分析所填词的词性。

选词填空或根据首字母提示单词填空,一般要求使用该单词的恰当形式填空。故做题时应该结合语境、语法要求去判断所填词的正确词性。如:

Eg. This morning I was two minutes late for train, but ____ (luck), I didn't miss it as the train was late, too.

【解析】句意是"今天早上我赶火车迟到了两分钟,但是幸运的是,因为火车也迟到了,故我没有错过它"。该空修饰后半个句子,用副词"幸运地 luckily"。

Eg. What a _____ (sun) day! Let's go hiking.

【解析】修饰名词要用形容词"晴朗的 sunny"。

Eg. She was one of the greatest Chinese _____ (write) of the 20th century.

【解析】根据句意"她是20世纪最伟大的中国作家之一",此处填作家的复数形式"writers"。

Ⅲ. 确定所填词的正确形式(要关注以下几个方面的知识)。

(1)名词要注意单、复数形式和所有格('s)形式;

(2)形容词、副词要注意比较级和最高级的变化;

(3)动词及词组要注意各种时态、语态及非谓语动词等各种形式;

(4)数词注意分数和序数词的变化。

【练习】

① In China, students have two _____ (term) every year.

② After exercising for a few months, she is a little ____ (thin) than before.

③ Mr. Green lives on the ____ (twelve) floor of the building.

④ When I _____ (arrive), it was early in the morning and it was raining.

⑤ I am _____ (interest) in reading books.

【解析】No. 1 表示"两个学期"要用复数"terms";No. 2 中的"than"表明要用 thin 的比较级"thinner";No. 3 根据句意"第十二层楼"要用序数词"twelfth";No. 4 根据下文"was/was raining"可以判断此处动词要用一般过去式"arrived";No. 5 此题是考查"系表"固定搭配,要用形容词"interested"。

* 词语运用解题口诀:

空前空后要注意,名词单复要牢记,还有's不能弃;

动词注意要变形;形、副注意用三级;

要填数词请留意,千万别忘"基"和"序";

填入代词需谨慎,五格变化要谨记;

介词、连词最省力,看见照抄就可以。

【完形填空或短文填词】

若是完形填空或是在短文中用所给词的正确形式填空,则要首先通读短文,了解大意,先易后难,逐一排除。选词或填词时要利用上下文语境、空格在句子中的位置、充当的成分、语法规则等来判断所填词的意义和正确形式。填完单词后,不可孤立地逐个检查,而必须将所有填入的词代入文章中,复读全文,仔细检查所填词是否符合文章的情景内容,是否合乎语法,单词拼写是否有误,词性是否正确，发现问题要及时改正。例如：2021年海南省中考英语试题中的完形填空，其考查词汇运用的具体情况如下：

(2021海南)完形填空：阅读下面短文，掌握其大意，从每小题所给的A、B、C三个选项中选出最佳选项。

A company in the United States once decided that it would offer lots of money to anyone who could find a white marigold（金盏花）. Most marigolds are either golden or brown. It is very hard to find a __41__ one.

Twenty years later, the company received a __42__ from an old woman. She sent 100 white seeds（种子）along with the letter.

The woman was a fan of __43__. When she first heard the company's notice 20 years ago, she got very __44__. She thought she could grow her own white marigolds. But her children didn't believe her. She knew __45__ about seed genetics（遗传学）after all. Her dream of growing white marigolds might be just a dream.

Still, she __46__ to make it happen. She planted some common marigold seeds and __47__ them. A year later, when the plant produced flowers, she chose one of the faintest（颜色淡）and took its seeds. She planted these seeds and waited another year for them to open. Year after year, her __48__ changed. Her husband died, her children moved away, and many things happened. __49__, her dream to grow white marigolds stayed strong in her heart.

Finally, after 20 years, she went out to her __50__ and found a marigold that was not just white- it was as white as the purest snow！

( ) 41. A. white   B. golden   C. brown

( ) 42. A. phone   B. letter   C. ticket

( ) 43. A. flowers   B. trees   C. grasses

( ) 44. A. surprised   B. worried   C. excited

( ) 45. A. something   B. nothing   C. everything

( ) 46. A. worked   B. helped   C. asked

( ) 47. A. made friends with   B. kept away from   C. took care of

( ) 48. A. taste   B. life   C. habit

(   )49. A. So   B. Also   C. However
(   )50. A. garden   B. office   C. company

此篇完形填空是关于"坚持20年种植出白色金盏花的妇女"的励志故事。它考查了学生在具体的语境中灵活运用词汇、习语、句型和固定搭配等语言知识的能力，也考查了学生利用上下文线索的逻辑推理、综合判断的思维素养。同时，学生通过阅读也受到了"成功意味着坚持"的情感态度价值观的教育(见表4.14)。

表4.14

题号	考查的内容	考查的能力要求	答题依据及答案
No.41	考查语境中选用合适形容词(white, golden, brown)的意义	联系和理解上文各事物之间的联系	根据语境可知，大多数金盏花要么是金色的，要么是棕色的，很难找到白色的。故选A
No.42	考查语境中对名词(phone, letter, ticket)的选用	根据下文提示，选择正确答案	根据"along with the letter"可知，公司收到了一封信。故选B
No.43	考查对主题名词(flowers, trees, glasses)的选用	根据文本大意，推断出主题词	根据文章主题，老妇人坚持种白盏花很多年，最终成功了，因此她是一个花迷。故选A
No.44	考查表情感的形容词(surprised, worried, excited)的意义与区别	根据前后文，推断正确答案	根据句义和语境可知，20年前，当她听说公司的告示的时候非常兴奋。因此选C
No.45	考查不定代词(something, nothing, everything)的意义与区分	根据前文提示，推断出答案	根据上文"他的孩子们不相信她"可以推断，她对遗传学几乎是一无所知。故选B
No.46	考查过去式动词(worked, helped, asked)的词意	选择恰当词，完善句意	根据下文可知，她一直努力地"工作"——通过反复种植，最终种出了白盏花。故选A

续表

题号	考查的内容	考查的能力要求	答题依据及答案
No. 47	考查动词短语(made friends with, kept away from, took care of)的意义辨析	理解短语意思,根据语境找出正确答案	根据句意可知,她种植了一些金盏花,并好好地照顾他们。故选C
No. 48	考查名词(taste, life, habit)的意义辨析	根据下文提示,推断出选项的意义	根据下文"丈夫去世,儿子搬走"可知,她的"生活"发生了很大的变化。故选B
No. 49	考查连词(So, Also, However)的选用	根据上下文语境意义,推断出"两句间构成转折的逻辑关系"	根据上文,她的生活发生了很大的变化,"但是"她的梦想没有改变,两句话之间构成转折关系。故选C
No. 50	考查名词(garden, office, company)的意义与区别	理解词意,依语境做推断	根据语境可知:20年后,当她走进"花园"的时候,她看到了一株雪白的金盏花,故选A

四、运用文化意识策略,培养学生词汇学习的文化意识

1. 介绍词汇表达在日常生活方面的英汉文化差异

众所周知,英汉文化差异一直存在我们的英语教学的全过程中。当我们开始教学日常用语的时候,就要把英汉的差异告诉学生,例如,如何称呼(男)张老师/(女)杨老师,是直接称呼为 Teacher Zhang/Yang 吗?事实上,按照英文的习惯,我们应该称 Mr. Zhang、Miss Yang 等与其身份一致的表达。还有,学了 Sorry/Pardon/Excuse 等词之后也要让学生了解清楚其不同的文化内涵,在不同的语境中恰当使用。

2. 利用课本资源，发掘词汇的文化意义

词汇在长期的使用过程中积累了丰富的文化意义。教师在教学中应该钻研教材，有意识地总结一些具有文化意识的词汇和习语，渗透文化背景知识。例如，"dog"在英文里内涵意义是"忠诚的意思；是受宠之物"，以狗来比喻人时是褒义的。在学习习语 rain cats and dogs 时，就不能望文生义，不能译成"下猫和下狗"，应该译成"倾盆大雨"。再如："凡人皆有得意日"和"力大如牛"分别要翻译成"Every dog has its day."和"as strong as a horse"。

3. 利用词汇的文化意识差异性，激发学生的学习兴趣

由于中国和西方国家的地域差异，导致社会文化的差异往往能引起学生的兴趣。例如，当学习中英文姓名的区别时，让学生做一个猜测的选择练习——假设 Tommy 的父亲叫作 Tom Green，要求学生猜一猜他的妈妈可能姓什么，并给出相应的选项：A. Linda Smith；B. Linda Green. 学生大部分选择 A，老师借此机会向学生介绍中西方姓氏文化的区别，妇女嫁给丈夫后一般随夫姓。另外，在学完颜色的单词后，我们可以让学生猜测颜色所表达的不同文化含义。如：① Mary got bad marks in the exam，so she was in blue mood. ② The family are having black tea now. 在句①blue 与情绪 mood 连用的时候，表示"情绪低落的、沮丧的"之意；在句②black tea 表示红茶，西方人是从茶叶本身的颜色来观察的，而中国人是从茶的汤色来描述的。

4. 注意中英文文化思维和交际文化的差异，恰当、得体的使用词汇

在别人感谢你的帮助之时，中国人受传统文化的影响，通常回答为"这是我应该做的"（It's my duty.），但是在西方文化里通常表达为"我很乐意为你效劳"（It's my pleasure！）。再如：社会语言学家专门就客气话和正式的口头邀请，在语言上的区别做了研究。他们发现，正式邀请比客气话要具体得多。一般来说，正式邀请需要包括时间地点，如：Come over for dinner next Sunday night！（下周日晚上过来吃晚饭）就是明确的正式邀请；而 We must get together soon.（我们一定得聚聚）则是客气话。

5. 利用文化差异的对比原则,介绍中西方节日文化

在教学中,我们可以根据相关的时间节点介绍中西方的重要节日。这样,学生在对比学习中可以了解中西方文化的差异。例如:我们介绍圣诞节的时候就可以把中国的春节和它进行对比介绍。通过表 4.15 里面设计的内容让学生讨论圣诞节和春节的相似之处和不同之处。

表 4.15

	When	Places celebrated in	How to celebrate	What to eat	Sth. special
Spring Festival					
Christmas					

五、运用不同的思维方式策略,培养学生词汇学习的思维品质

《普通高中英语课程标准(2017 年版)》指出:思维品质,是思维在逻辑性、批判性、创新性等方面所表现的能力和水平(教育部,2018:5)。从思维内容看,思维品质包含一个以逻辑性为起点、批判性为过渡、创新性为终点的三维立体结构体系,其中逻辑性思维技能包括分析综合、比较分类、归纳演绎、抽象概括,批判性思维技能包括判断推理、质疑解惑、求同变异、评价预测,创新性思维技能包括纵横思维、联想想象、隐喻通感、模仿创生(胡洁元,2018)。由此可见,在词汇教学中训练学生的多种思维方式,培养学生具有逻辑性、批判性和创造性的思维品质不仅是课程标准的要求,而且也应该是教学设计的重要目标之一。

1. 运用比较、分类和归纳的策略进行词汇教学

比较策略可以分为单词拼写相似的比较、同义词的比较和一词多义的比较

等。例如：quiet/quite 的比较，让学生通过观察发现："e"在 t 的里面就是"安静"，e 在 t 的外面就是"很"；再用联想的方法记住它们的意义的区别："在教室里面"应该保持"安静"，"夏天在教室外面"通常是"很"热的。分类和归纳也是词汇教学中常用的教学策略。例如：在初三复习中，我们可以以话题为中心，采用分类和归纳的方式复习词汇。

2. 运用判断推理策略进行词汇教学

判断推理技能是指学生通过所学知识由此及彼的一种逻辑思维方式。在词汇教学中，我们通常可以要求学生根据语法知识或语境来判断推理生词的词性以及意义。例如：在复习教学中给出下列句子：Both the actors and actresses took an active part in the activities. 让学生通过构词法推理 act 派生出来的词的不同意义和词性。首先，此句包含了词性转换：act 的名词 actor/actress（指人）和 activity（指事），act 的形容词 active；其次，包含了单复数：actor—actors（规则），actress-actresses（以 s、x、sh、ch 结尾的名词加 es），activity—activities（以 y 结尾的名词若 y 前是辅音则改 y 为 i 加 es）；再次，句中也交代了 active 这一在课本里面不常出现但在生活中很常用的形容词的用法：take an active part in。最后，还有一些隐含的信息：both ... and 的句法，take 的过去时 took 等。

3. 运用求同求异的策略进行词汇教学

求同思维又称定势思维，它是依据研究对象所提供的各种信息，寻求信息之间的必然联系，使思维聚集、收敛，得到一个确定的最佳解决方案。求异思维又称发散思维，它是依据研究对象所提供的各种信息，使思维打破常规，寻求变异，广开思路，充分想象，探索多种解决方案或新途径的思维形式。在共性的词汇学习策略，例如：利用情景和语境教学单词、利用语篇教学单词、利用思维导图教学单词等，这些都是求同的思维。但是，方法再好，适合学生每个个体的方法也是不同的，所以要求学生根据自己的学习特点和情况，在众多词汇教学方法中寻找适合自己词汇学习的方法，做到求同存异。

六、运用创设情景或语境的策略，培养学生词汇学习能力

胡壮麟把语境归为3大类：语言语境（linguistic context）、情景语境（situational context）和文化语境（context of culture）。语言语境，指语篇的内部环境，即上下文提供信息；情景语境是生成语篇的主要因素，指语篇产生时的环境及周围的情况，即时间、地点、方式等；文化语境，指说话人或作者所在的语言社会团体的历史文化和风俗人情。语言的理解和运用既离不开情景语境，也离不开文化语境。在外语环境下学习英语，对大多数学习者而言课堂是其接受语言输入的主要场所。所以，利用情景或语境策略在英语课堂词汇教学中起着至关重要的作用，也是提升学生词汇学习能力的重要方法和途径。

1. 利用实物、图片和简笔画等直观手段创设直观情景，进行词汇教学

实物、图片和简笔画，以其直观、生动和易懂的特点能够帮助学生快速地理解和掌握词汇的意义。上述方法通常用在学习水果、动物等名词教学的时候，也有实物和动作等相结合的情景教学方式，例如：在教学现行初中英语教材新目标（Go for it 八上 Unit 8 *How do you make a banana milk shake*?）时，学生需要掌握的是用英语对制作香蕉奶昔步骤的描述以及相关词汇。在课前，教师先准备好制作香蕉奶昔的各种材料（blender/yogurt/banana/pepper/milk），课堂上教师在学生充满激情与兴趣的情景中一步一步用英文介绍制作过程（1. Peel three banans. 2. Cut up three bananas. 3. Turn on the blender. 4. Pour the bananas and ice-cream in the blender. 5. Pour the milk into the blender. 6. Pour the milk into the blender. 7. Drinkthemilkshake.）。每完成一步，就让学生用英语描述他们所看到的场景。学生个个兴奋地举起手，要求回答问题。在做出几杯可口的奶昔后，本节课的重点词汇以及句型也都得到了应用。最后教师引导学生大胆且大声地用英语进行小组同学互相对话，把做奶昔的过程再描述一下，当然鼓励学生有所创新。比如：可用草莓来做奶昔等。学生在小组对话中边说边做、兴趣盎然，很积极地用英语

进行表达。这种实物直观情景教学法确实能让学生在快乐中高效地学习英语。

2. 利用动作、表情、肢体语言(body language)和表演创设情景进行词汇教学

众所周知，处在青少年时期的学生，精力旺盛、好动、爱表现。因此，教师积极、饱满的教学行为、表情和动作，不仅能吸引学生的注意力，也有助于理解和掌握词汇，动词、形容词的教学更是如此。例如：在学习看病(Seeing the doctor)的核心句型和词汇时，教师可以模仿咳嗽、牙痛等动作表情，教学和操练相关词汇和句型。T：Look! What's the matter with me? Do I have a cough(做咳嗽状)？S：Yes, you have a cough. T：Look at me again! What's the matter with me? Do I have a toothache(做牙疼状)？S：Yes, you have a toothache … etc. 再如：在学习连系动词及其形容词的时候，可以创设闻鲜花、尝柠檬汁、摸丝绸的情景来学习(The flowers smell sweet. The lemon tastes sour. The silk feels soft.)。实践证明，教师恰当地运用好表情、动作、表演的方式介绍生词，既提供了真实的英语情景，又使学生兴趣倍增、记忆深刻，使课上得生动、活泼。

3. 利用学生生活情景进行词汇教学

学校、教室学习活动等本身就是一个个真实而自然的学习情境，教师应该设法利用这个情境，把英语课堂变成一个生动活泼的交际环境。如：学习介词 in/on/under/，教师可以创设寻找物体的情景来讲授和操练目标语言"Where is my school bag/Li Ming? It's/He's on /in under…" 当学到 under 时，表演的学生钻到讲台的下面，学生们在愉快的笑声中领悟了这些单词的词义，接着指导全班同学分组表演，并要求学生尽量用句子来表达，如 Where am I? You are behind the door. 由于直观、生动、形象，短短几分钟内的游戏表演后，学生就掌握了这些单词，并熟练运用到句子中。再如：学习问路时，把教室编成他们熟悉喜爱的地点，然后讲授和操练方位介词 near, between, behind, in front of 等，学生能在较为真实的情景中学会问路的句型以及相关的方位介词。

4. 利用上下文语境教学词汇

在语篇或对话阅读中，词汇通常具有它的语篇意义。因此，在词汇教学中，

我们引导学生来理解和掌握词汇在上下文中的意义。例如：外研版八下 Unit 2 的对话"A：What are you doing? B：I'm entering a competition. A：What kind of competition? B：A speaking competition."，根据上下文理解，对话中的"enter"就不是"come into"之意，而是"be in"或"take part in"的意思。

附 录

附录一 课题研究所用的《初中生词汇学习困难和部分学习策略的问卷调查表》

姓名_____ 学校_____ 年级_____

1. 我认为,掌握单词的_____(a. 读音/b. 拼写/c. 词义)最难(每个项目从 A、B、C、D、E 中只选一个答案)。

	A. 非常同意	B. 同意	C. 不确定	D. 不同意	E. 非常不同意
a. 读音					
b. 拼写					
c. 词义					

2. 我认为,掌握单词的搭配很难(从 A、B、C、D、E 中只选一个答案)。

	A. 非常同意	B. 同意	C. 不确定	D. 不同意	E. 非常不同意
我的看法					

3. 我认为,运用所学词汇很难(从 A、B、C、D、E 中只选一个答案)。

	A. 非常同意	B. 同意	C. 不确定	D. 不同意	E. 非常不同意
我的看法					

4. 我认为，意义相近的词难以区分（从 A、B、C、D、E 中只选一个答案）。

	A. 非常同意	B. 同意	C. 不确定	D. 不同意	E. 非常不同意
我的看法					

5. 我的词汇"记忆策略"的使用情况（每个项目从 A、B、C、D、E 中只选一个答案）。

	抄写单词	朗读强化	制作词汇卡	联系新旧词	相似词归类
A. 从不使用					
B. 基本不使用					
C. 有时使用					
D. 经常使用					
E. 总是使用					

6. 我的"认知策略"的使用情况（每个项目从 A、B、C、D、E 中只选一个答案）。

	记笔记	通过上下文猜测	联想	阅读积累	构词法
A. 从不使用					
B. 基本不使用					
C. 有时使用					
D. 经常使用					
E. 总是使用					

7. 我的"元认知策略"的使用情况(每个项目从 A、B、C、D、E 中只选一个答案)。

	制定目标	检测所学词汇	反思不足	交流心得
A. 从不使用				
B. 基本不使用				
C. 有时使用				
D. 经常使用				
E. 总是使用				

8. 我的"资源策略"的使用情况(每个项目从 A、B、C、D、E 中只选一个答案)。

	查字典	利用网络、智能设备	留意生活	电视、音乐	课外读物
A. 从不使用					
B. 基本不使用					
C. 有时使用					
D. 经常使用					
E. 总是使用					

9. 我的"活用策略"的使用情况(每个项目从 A、B、C、D、E 中只选一个答案)。

	新词造句	真实语境运用	口头交流运用	写作表达运用	高频使用新词
A. 从不使用					
B. 基本不使用					
C. 有时使用					
D. 经常使用					
E. 总是使用					

附录二 课题研究所用的《初中生词汇学习策略的问卷调查表》

姓名_____ 学校_____ 年级_____

1. 你学习英语的目的是_____。

   A. 为了将来更好的学习打好基础

   B. 到国外去

   C. 为了应付考试

   D. 学习英语没用,不想学

   E. 个人兴趣爱好及其他

2. 你学习英语最困难的方面是_____。

   A. 读记单词　　　　B. 不懂语法　　　　C. 阅读

   D. 听力　　　　　　E. 写作

3. 你_____"制订词汇学习计划"的策略。

   A. 从不使用　　　　B. 基本不使用　　　C. 有时使用

   D. 经常使用　　　　E. 总是使用

4. 你_____"有计划地复习生词"的策略。

   A. 从不使用　　　　B. 基本不使用　　　C. 有时使用

   D. 经常使用　　　　E. 总是使用

5. 你_____"不定期进行词汇检测"的策略。

   A. 从不使用　　　　B. 基本不使用　　　C. 有时使用

   D. 经常使用　　　　E. 总是使用

6. 你_____"总结适合自己单词记忆的方法"的策略。

   A. 从不使用　　　　B. 基本不使用　　　C. 有时使用

   D. 经常使用　　　　E. 总是使用

7. 你_____"重复背诵"的策略。即:学了新单词后,你要反复读这些新单词,一直到能够默写为止。

A. 从不使用　　　　B. 基本不使用　　　　C. 有时使用

D. 经常使用　　　　E. 总是使用

8. 你_____"运用音标及拼读规则记忆单词"的策略。即：学新单词时，运用音标及其拼读规则来帮助记忆。

A. 从不使用　　　　B. 基本不使用　　　　C. 有时使用

D. 经常使用　　　　E. 总是使用

9. 你_____"联想"学习词汇的策略。即：学新单词时，要看看这个词有什么特征，然后把它跟有关的旧单词联系起来记忆。

A. 从不使用　　　　B. 基本不使用　　　　C. 有时使用

D. 经常使用　　　　E. 总是使用

10. 你_____"分类、分组"学习词汇的策略。即：记忆单词时，你注意发现规律，把词根、词缀、词类、同义词等有相同特点的词放在一起记忆。

A. 从不使用　　　　B. 基本不使用　　　　C. 有时使用

D. 经常使用　　　　E. 总是使用

11. 你_____"词块"学习词汇的策略。即：记单词时记住其常用的搭配词或表达方式。

A. 从不使用　　　　B. 基本不使用　　　　C. 有时使用

D. 经常使用　　　　E. 总是使用

12. 你_____"应用"词汇的学习策略。即：你认为刚学到的单词要经常使用(说和写)才能记得住。

A. 从不使用　　　　B. 基本不使用　　　　C. 有时使用

D. 经常使用　　　　E. 总是使用

13. 你_____"利用上下文"的词汇学习策略。即：你常常通过前后句子或上下文等语境来猜测生词的意思。

A. 从不使用　　　　B. 基本不使用　　　　C. 有时使用

D. 经常使用　　　　E. 总是使用

14. 你_____"词汇积累"的学习策略。即：你通过大量阅读英语读物来扩大词汇量。

A. 从不使用　　　　B. 基本不使用　　　　C. 有时使用

D. 经常使用　　　　E. 总是使用

15. 你＿＿＿＿＿"利用语境"的词汇学习策略。即：学过的单词，在使用时我特别注意它的使用场合和文化背景。

　　A. 从不使用　　　B. 基本不使用　　　C. 有时使用
　　D. 经常使用　　　E. 总是使用

16. 你＿＿＿＿＿"社会情感"的词汇学习策略。即：是否主动与他人交流词汇学习经验，采用有效的词汇学习方法。

　　A. 从不使用　　　B. 基本不使用　　　C. 有时使用
　　D. 经常使用　　　E. 总是使用

附录三 课题《初中生英语词汇学习困境的干预策略研究》立项申请报告

一、课题的提出

在经济全球化和科学技术不断进步的大背景下，英语已成为一种文化交流的载体，是每个社会成员成长必备的技能之一。词汇作为构成语言的三大要素之一，没有词汇句子就无法构成，语言的使用更无从谈起。显而易见，词汇学习在英语学习中占很重要的地位，它是提高听说读写各项语言技能的重要基石。

在2011版《义务教育英语课程标准》（以下简称《课标》）中，对初中阶段词汇教学提出了明确要求：初中毕业生必须学会使用1500—1600个词汇和200—300个习惯用语和固定搭配；而且《课标》也明确指出词汇是最基础的三大语言知识目标（语音、词汇和语法）之一。由此可见，初中生学好《课标》词汇是学习成长过程中的重要任务。然而，在实际教学过程中，词汇学习往往是制约学生学好英语的瓶颈——其现象表现为：学生记不住单词，也不知道单词的用法，考试成绩不佳，久而久之丧失学习英语的兴趣，最后发展到放弃的地步。进入21世纪以来，笔者所在学校的初中生存在着英语难学的局面，主要表现在这些学生不喜欢学英语，一方面家长和学生没有认识到学习英语的重要性，他们经常说，我又不出国，学英语干嘛。没有学英语的动机，老师只能使用不同的方法来培养他们正确的英语学习动机。另一方面，即使学生跟着老师学英语，词汇学习是他们的"拦路虎"。他们要么不会拼读单词，要么因为害羞而不敢读单词；要么不花时间记忆单词，要么记忆单词方法单一；要么没有预习和复习单词的习惯，要么没有养成自主学习词汇的习惯；还有大部分学生不会使用字典来查单词；更多学生不会使用词汇进行交际。究其原因，是学生在词汇学习过程中遇到了困难。这些困难是什么？怎样解决？只有把这些问题弄清楚，采用有针对性的措施，学生词汇难以学好的难题就会迎刃而解。因此，针对这些问题，笔者认为要重视学生的词汇学习，研究学生词汇学习中的困难，并采取相应的干预措施。

我校是一所九年一贯制寄宿学校，生源整体素质较差，学困生比例很大。这些一直是制约学校英语教育教学质量提高的重要因素。在教学工作中，我们发现很多学生刚开始学英语时兴趣浓厚，很爱学习英语，但随着学习难度的加深，部分学生由喜欢到畏惧，由畏惧到放弃。特别是到了七年级上学期期中考试之后（其他地区通常是在七年级下学期），由于词汇量的增加，以及语法难度的增加，学生两极分化现象开始出现；随着年级的升高，学困生学习词汇的难度呈递增趋势。笔者在教学中感到他们学习英语有很大的困难，造成这一困境的重要原因就是词汇没学好，词汇没学好归因于缺乏有效的学习策略（笔者通过跟学生交谈以及教学观察得出来的结论）。因此，如何帮助他们使用何种学习策略学好词汇成了亟待解决的问题。本课题《初中生英语词汇学习困境的干预策略研究》的开展，正是基于这样的背景提出来的。

二、文献综述

本课题的研究对象是初中学生，研究内容是英语词汇学习困境的干预策略。从国内外相关文献来看，英语词汇学习策略有较多的研究。例如：对学习者自发使用的外语词汇学习策略的探索；对词汇学习策略与英语学习成绩、词汇学习成绩、学习风格和学习动机的关系的研究；对各类词汇学习策略的教学训练研究，主要有复述策略、关键词法、联系上下文法、联系法、语义编码法、分类组织策略、同化策略、拼读策略、自我测试策略等。目前研究达成的共识是：词汇学学习绝不是简单的死记硬背，有效的词汇学习包含各种学习策略，尤其是记忆策略，并且词汇学习策略与词汇学习成绩、英语成绩、英语学习情感密切相关。这对提高英语词汇学习水平是最有实际意义的。但就目前的研究，尤其是国内的研究来看，还存在着一些问题：各种单项策略训练的效果研究多；部分年龄段如高中生、大学生所使用的策略调查多，而对初中生英语词汇学习策略的发展研究不多。因此，进一步探索适合初中生英语词汇学习策略的发展状况具有一定的现实意义。

三、理论基础

语言有三要素，即语音、词汇和语法。词汇对于语言，就像砖瓦对于房屋，没有词汇，就没有语言。英国著名语言学家威尔金斯（D. Wilskins）曾说过："没有语法，人们不能表达很多东西，而没有词汇，人们则无法表达任何东西。"显而易见，词汇在英语学习中占有极为重要的地位。

词汇学习的过程主要由输入、习得词的读音、词形、习得词义、记忆储存、词汇运用等五个阶段构成。虽然目前关于这五个阶段的划分仍成在一定的争议，但是词汇学习的第一步——输入阶段——在整个词汇学习过程中处于举足轻重的地位。词汇输入的来源、词汇输入、的呈现方式，词汇输入时的信息量与课堂教学直接相关，并且在不同程度上影响了词汇习得的最终结果。词形、词义的习得及记忆储存情况在很大程度上取决于学生的学习策略，主要包括死记硬背、母语迁移、联想策略、上下文策略、猜测策略等。词汇运用能力是学习词汇的最终目的，直接反映学生词汇学习的效果，也是检测学生词汇知识掌握情况的重要标准。此外，词汇的学习，在一定程度上还受到了学生学习目的的影响。由此可见，在词汇学习的过程中，词汇学习策略与学生习得词的发音、词形、词义和记忆储存关系非常密切。因此，探寻词汇学习策略将会有助于学生更好地学好词汇。

词汇学习策略是英语学习策略的重要组成部分。20世纪80年代后，语言学习策略的研究得到了迅速发展。最引人注目的是O'Malley和Chamot等人的研究。O'Malley和Chamot等人在美国进行了一系列研究，以认知学习理论为指导，以信息加工过程为研究基础，在研究信息理解、处理、储存等过程的基础上，得出了一整套理论化的语言学习策略。并对这些策略进行了细致的分类和表述。O'Malley和Chamot将策略分为三大类：元认知策略、认知策略和社会情感策略。元认知策略，用于评价、管理、监控认知策略的使用；认知策略用于学习语言的活动之中；社会情感策略则为学习者提供的更多接触语言的机会。这三类策略之中，元认知策略高于其他两类策略，而每一类又包括若干分类：元认知策略，包括提前准备、集中注意、选择注意、自我监控、自我评价等。认知策略则包括重复、归类、利用上下文情景、联系、猜测、词形分析(前、后缀)、查字典、做练习、词汇表等。社会情感策略则包括合作、提问以达到澄清的目的、减低焦虑程度、自我鼓励等策略词。词汇学习是语言学习的基础，由此类推，词汇学习策略同样可以参照语言学习策略分为三类，即元认知策略、认知策略和社会情感策略；这些策略将为本课题提供理论支撑。因此，学习和运用语言学习策略将有助于分析本地区初中生词汇学习困境的成因，从而更好地改善他们的学习策略。此外，本课题研究的内容是初中生词汇学习困境的干预策略，结合本课题的理论依据，就是要更好地运用语言学习策略，对学生词汇学习困境进行干预，从而形成有效的学习策略。

四、研究的目标、内容

(一)研究目标

(1)通过调查本地区初中生词汇学习的现状，进一步探寻他们词汇学习困境的成因。

(2)通过尝试不同类型的学习策略，对初中生的词汇学习困境进行适时有效的干预，形成适合他们学情的词汇学习策略，并归纳出有助于提高他们词汇学习效益的有效策略。

(二)研究内容

1. 某某地区初中生词汇学习的困境及成因研究

①某某地区初中生词汇学习的现状及困境调查研究(子课题)。

②某某地区初中生词汇学习困境的成因研究(子课题)。

2. 某某地区初中生词汇学习困境的干预策略研究

①某某地区初中生词汇学习策略的调查研究(子课题)。

②某某地区初中生词汇学习有效策略的行动研究(子课题)。

③某某地区方言对初中生词汇学习策略的影响及对策研究(子课题)。

④微课在初中生词汇学习中的运用策略研究(子课题)。

⑤微信公众号在初中生词汇学习中的运用策略研究(子课题)。

五、研究思路、过程与方法

(一)研究思路

围绕现状研究——基础理论研究——教育实践研究的思路展开。

通过调查研究,了解目前某某地区初中生英语词汇学习现状,针对存在的问题,分析原因,寻求干预的策略。通过查阅文献,借鉴先进的教育理论和研究成果,在归纳、选择的基础上,进而开展教育实践研究,探索某某地区初中生词汇学习困境的新策略、新途径。

(二)研究过程

1. 起始阶段(2018.5—2018.12)

通过文献研究、专题论证确立课题。制订实施方案,提出课题研究的基本模型、实验思路和具体计划。通过理论研究、调查研究等方法,讨论并确立并分解子课题。建立课题组研究制度,明确职责,各司其职。

2. 实施阶段(2019.1—2020.12)

全面启动子课题研究。在专家引领的基础上,通过理论构建和实践操作,多角度、多层面地研究。课题组通过组织教学研讨、学术沙龙等,定期集中活动,完成阶段性研究报告等。

3. 总结阶段(2021.1—2021.5)

对课题研究成果进行整理、分析。撰写研究报告,并请专家评审。展示课题成果,为推广工作和开展进一步研究奠定基础。

(三)研究方法

1. 调查研究法

在相关教育理论的指导下,通过问卷、访谈、观察、个案研究等方式搜集资料。对目前的初中生词汇学习现状作出分析,并为研究提供具体建议,为课题研究提供现实依据。

2. 文献研究法

通过对文献进行分析，借鉴先进经验，探索初中生词汇学习困境干预策略，并为之提供理论支撑和方法论。

3. 行动研究法

通过行动研究，针对目前某某地区初中生词汇学习的困境，进行适时有效的干预，形成适合他们学情的词汇学习策略。

4. 经验总结法

通过词汇教学实践活动，总结出词汇教与学的有效的策略。

六、课题基本观点与可能创新之处

(一) 基本观点

(1) 由于某某地区初中生学习英语(包括词汇学习)的动机不足，迫切需要帮助某某地区初中生及其父母提高对英语学习重要性的认识；加强学校与家长的沟通，帮助父母为学生的英语学习创造条件；学校、家庭与社会各界形成合力，促进学生学习英语态度的转变。

(2) 词汇量的大小是制约英语学习者学好英语的瓶颈。重视词汇学习就要重视词汇学习策略。某某地区初中生学习词汇有困难，其重要原因就是缺乏有效的学习策略，所以探寻适合他们的学情的策略非常有必要。

(二) 可能创新之处

本课题的研究对象是某某地区的初中生，研究目标旨在探寻学生词汇学习的困境和成因，创建行之有效的词汇学习策略，提高学生学习英语词汇的成就感。

七、参考文献

[1] O'Malley, J. Michael, Chamot, Anna Uhl. *Learning Strategies in Second*

Language Acquisition[M]. Shanghai Foreign Education Press, 2001.

[2] 周莉. 彝族地区少数民族初中生英语学习的特殊困难及成因[J]. 楚雄师范学院学报, 2013(11).

[3] 吴叔尉, 胡晓. 琼南民族地区中、小学英语教育存在的问题及对策[J]. 海南广播电视大学报, 2011(2).

[4] 赵海虹. 海南省中部少数民族地区英语学习现状的调查与研究[J]. 科技信息, 2009(12).

[5] 郑丽虹. 非英语专业本科生大学英语词汇学习现状初探[J]. 北京城市学院学报, 2009(3).

[6] 张伟, 吴春秀. 初中英语词汇学习策略探究[J]. 教育实践研, 2009(31).

[7] 李明远. 例谈初中英语词汇学习策略培养[J]. 基础教育外语教学研究, 2015(10).

[8] 陈本乐. 认知策略在初中英语词汇教学中的运用[J]. 基础教育与评论, 2013(3).

[9] 李武. 初中英语词汇学习策略训练[J]. 基础英语教育, 2007(3).

[10] 郑劲群. 新课程理念新初中英语词汇学习策略[J]. 中学教学参考, 2012(133).

附录四 课题《初中生英语词汇学习困境的干预策略研究》的结题报告

摘要：本课题通过对笔者所在地区四所学校近600名初中生词汇学习的问卷调查和访谈，发现了部分学生存在着"不会朗读单词，记不住单词和不会运用词汇"的词汇学习困境。基于这一问题，课题组采用了"问卷调查法""行动研究"和"经验总结法"等方法，运用了自然拼读策略和词汇学习的相关策略，有效地提高了学生朗读单词的准确性，以及记忆单词和初步运用词汇的效率。

关键词：词汇学习困境；问卷调查；行动研究；自然拼读策略；词汇学习策略

一、课题概述

（一）问题的提出

在义务教育阶段，笔者所在地区的很多学生在词汇学习方面存在着一些困境。经过观察，我们发现学生词汇学习过程中存在着不会朗读单词、记不住词汇、不会运用词汇三个方面的困境，导致他们不能很好地完成听说读写任务，严重地阻碍了他们综合语言运用能力的发展。因此，研究形成学生词汇学习困境的成因，探寻解决困境的途径并采取相应的干预策略就显得很有必要。基于本地区学生词汇学习的困境，笔者所在学校成立了"初中生英语词汇学习困境干预策略研究"的课题组，对此问题开展行动研究。

（二）研究现状综述

国内外学者对词汇习得提出了不同的见解。骆涵认为习得一个词最简单的定义就是"能够认出或回忆起一个词或它的意思"（骆涵，2008）。还有学者认为习得一个词就是掌握该词相关的所有知识。Richard 认为，习得一个词意味着"知道这个词的基本形式，与该词相关的句法结构，在语言中与其他单词之间的关联网络，这个词的语义价值以及这个词的其他不同含义等"。Richard 将这些归于词汇能力(Richard，1976)。Nation 在 Richard 的基础上提出了词汇知识框架。他认为"词汇能力由四个维度的知识组成，即形式、位置、功能和意义"。每个维度又由两部分知识构成，"形式由口头形式和书面形式构成，位置由语法行为和搭配行为构成，功能由频率和语体语域限制构成，意义由概念意义和词的搭配构成"(Nation，1990)。在此基础上，屈典宁等提出"从六个维度考察词汇习得，即正确发音、掌握拼写、扩大词汇量、掌握搭配、掌握词义以及运用所学词汇"(屈典宁和余卉荃，2019)。综上所述，词汇习得分为词汇知识的习得和词汇运用能力的习得两个维度，而词汇知识涵盖读准发音、掌握拼写、扩大词汇量、掌握搭配和掌握词义。

词汇习得与学习策略密切相关。在认知心理学中，学习策略指"学习者为了促进信息的获取、储存、提取和使用而采取的行动"(Oxford，1990)。可见学习者的学习策略对学习效果影响巨大，故学术界针对学习策略的研究颇多，尤其是对元认知策略的研究。早在 20 世纪 80 年代，董奇就介绍了国外有关元认知的相关研究。元认知理论最早由美国认知心理学家 Flavell 提出。元认知是个人所具有的关于自己思维活动和学习活动的认知与监控，它通常被定义为任何以认知过程与结果为对象的知识，或是任何调节认知过程的认知活动(董奇，1989)。可见，元认知理论对于提高认知、智力开发、促进学生高效学习等方面具有重要意义。O'Malley 和 Chamot 将元认知和教学联系起来，带动了元认知等策略研究的发展。他们将学习策略按功能分为"元认知策略、认知策略和情感策略"三大类，认为"词汇学习认知策略主要涉及习得词汇知识的策略以及运用词汇相关知识的策略"(O'Malley & Chamot，2001)。

显而易见，学习策略在词汇学习过程中起着非常重要的作用，并且与词汇学习的效果是紧密相连的，也是决定因素。因此，为了有效地使用词汇学习策略来干预学生的词汇学习困境，课题组决定开展行动研究。

(三)核心概念界定

1. 干预策略

本研究中的"干预策略"是指帮助学生摆脱词汇学习困境和提高词汇学习效率的英语语言学习策略。

2. 英语语言学习策略

20世纪80年代后，欧麦力和萨默特，将英语语言学习策略分为三大类：元认知策略、认知策略和社会情感策略。元认知策略，用于评价、管理、监控认知策略的使用；认知策略用于学习语言的活动之中；社会情感策略则为学习者提供的更多接触语言的机会。这三类策略之中，元认知策略高于其他两类策略，而每一类又包括若干分类：元认知策略，包括提前准备、集中注意、选择注意、自我监控、自我评价等。认知策略，包括重复、归类、利用上下文情景、联系、猜测、词形分析（前、后缀）、查字典、做练习、词汇表等。社会情感策略，包括合作、提问以达到澄清的目的、减低焦虑程度、自我鼓励等策略词。

3. 教育行动研究

它是一种小范围的教育教学改革的探索性的研究方法，旨在针对教育教学活动和实践中的问题，在行动研究中不断探索改革、改进和解决教育教学实际问题。其特点是"在行动中研究"，"为行动而研究"，"对行动的研究"（伍海云，2018：184-185）。行动研究领域的知名学者Kemmis和McTaggart把行动研究的基本过程总结为4步：计划、实施、观察和反思（Kemmis & McTaggart，1998：26）。

二、研究设计

（一）研究目标

（1）通过调查初中生词汇学习的现状，进一步探寻他们词汇学习困境的成因。

（2）通过开展行动研究，探索不同类型的词汇学习策略，对初中生的词汇学习困境进行适时有效的干预，从而形成适合他们学情的词汇学习策略，并归纳出有助于提高他们词汇学习效益的有效策略。

（二）研究内容

1. 初中生词汇学习的困境及成因的调查研究（子课题）

2. 初中生词汇学习困境的干预策略研究

①初中生词汇学习策略的调查研究(子课题)。

②初中生词汇学习的有效策略的行动研究(子课题)。

③自然拼读策略在初中生词汇学习中的运用研究(子课题)。

④阅读积累策略在初中生词汇学习中的运用研究(子课题)。

⑤词汇运用策略在初中生词汇学习中的运用研究(子课题)。

⑥本地区方言对初中生词汇学习策略的影响及对策研究(子课题)。

⑦微课/微信公众号在初中生词汇学习中的运用策略研究(子课题)。

(三)研究方法

1. 研究思路

围绕现状研究—基础理论研究—教育实践研究的思路展开。

通过调查研究,了解目前初中生英语词汇学习现状,针对存在的问题,分析原因,寻求干预的策略。通过查阅文献,借鉴先进的教育理论和研究成果,在归纳、选择的基础上,进而开展教育实践研究,探索初中生词汇学习困境的新策略、新途径。

2. 研究方法

(1)调查研究法。在相关教育理论的指导下,通过问卷、访谈、观察、个案研究等方式,搜集资料。对目前的初中生词汇学习现状作出分析,并为研究提供具体建议,为课题研究提供现实依据。

(2)文献研究法。通过对文献进行分析,借鉴先进经验,探索初中生词汇学习困境干预策略,并为之提供理论支撑和方法论。

(3)行动研究法。针对目前初中生词汇学习的困境,通过尝试"有效词汇学习策略""自然拼读词汇学习策略"和"阅读积累词汇学习策略",按照行动研究的流程,对其进行适时有效的干预,形成适合他们学情的词汇学习策略。

(4)经验总结法。通过词汇教学实践活动,总结出词汇教与学的有效的策略。

(四)创新之处

本课题的研究对象是笔者所在地区的初中生,探寻了"突破学生难于朗读、记忆和运用词汇困境"的方法和途径,创建了行之有效的词汇学习策略,逐步提高了学生学习英语词汇的成就感;探寻了现代信息技术(如微课、微信公众号)在词汇教学中的应用,不断促进学生的词汇学习效果。

三、研究过程

(一)准备阶段(2018.5—2018.12)

2018年10—11月,课题组通过查阅中国哲学社科网和相关专业期刊、资料,收集了与课题研究有关的国内外理论文献,确立了子课题;制订了实施方案,提出了课题研究思路和具体计划;通过理论学习,确立了"问卷调查研究法""行动研究法"和"经验总结法"等课题研究方法;建立了课题组研究制度,明确职责,各司其职;11月27日举行了课题开题论证会。

附:课题研究内容分工表

时间	任务	责任人
2018.12	制定问卷调查表	课题组全体人员参与问卷调查;王老师收集、统计
2019.1—8	子课题"民族初中生词汇学习的困境及成因的调查研究(含学习词汇的动机调查)"	王老师(执笔)
2019.1—8	子课题"初中生词汇学习策略的调查研究"	蔡老师(执笔)
2019.1—2020.12	子课题"自然拼读策略在初中生词汇学习中的运用研究"的实践	郭老师(执笔)、程老师
2019.1—2020.12	子课题"阅读积累策略在初中生词汇学习中的运用研究"的实践	邓老师(执笔)、王老师
2020.5	课题中期总结	课题组全体成员;蔡老师负责撰写课题中期报告

续表

时间	任务	责任人
2019.1—2020.12	子课题"初中生词汇学习的有效策略研究"的实践	陈老师(执笔)、蔡老师
2019.1—2020.12	子课题"本地方言对初中生词汇学习策略的影响及对策研究"的实践	许老师、何老师(执笔)
2019.1—2020.12	子课题"微信公众号/微课在初中生词汇学习中的运用策略研究"的实践	邓老师(执笔)、蔡老师
2021.1—2021.5	课题总结阶段	全体成员
2021.4	撰写"初中生英语词汇学习困境的干预策略研究报告"	蔡老师执笔，同时完成论文《初中生英语词汇学习困境的干预策略研究》并发表
2018.11—2021.5	资料收集，数据统计分析；会议准备	王老师
2018.11—2021.5	宣传报道，课题材料汇编	何老师

(二)实施阶段(2019.1—2021.1)

(1)问卷调查和访谈阶段。2018年12月—2019年1月，课题组以本地区600名初中生为研究对象，选取了4个不同类型的学校，对初中一至三年级的学生开展了《初中生词汇学习困难》和《初中生词汇学习策略》问卷调查和访谈。调查结果表明，部分初中学生在词汇学习过程中存在五个主要方面的困难：①部分学生难以掌握词汇的读音；②部分学生难于掌握词汇的搭配；③部分学生难于掌握同义词近义词的区别；④部分学生难于记住单词并且忘得快；⑤部分学生难于掌握如何运用词汇的策略。

(2)行动研究阶段。2019年2月—2020年12月，基于本地区学生词汇学习的困境，课题组决定在不同的四所学校采用三轮的行动研究，即通过"发现问题—制定计划—采取行动—评估效果—修正计划—调整方案—提出新的方案"的循环研究(文秋芳,2012),来探索词汇学习困境的干预策略。

课题组针对学生词汇学习困境,开展了三轮干预策略的行动研究:第一轮行动研究方案是为了解决学生"朗读困难和词汇学习策略缺乏"的问题,开展"能拼读单词和能初步运用记忆策略掌握词汇"的干预策略研究;第二轮行动研究方案是为了解决学生"朗读单词的准确率不高、记忆单词的效率低以及活用单词的效率低"的问题,开展使用"强化记忆策略、元认知策略和运用策略"等干预策略的研究。第三轮行动研究,是为了进一步提升学生的词汇运用能力,开展了"在语境中活用词汇的训练、词汇合作学习的训练、了解词汇文化背景意义的训练,以及开展课外活动活用词汇的训练"等干预策略的研究。

(3)2019年2月—2020年5月,课题组分别在某某思源学校、某某学校、某某学校和某某学校,开展了"自然拼读策略在词汇教学中的运用和实践"的研究,通过把语音教学和词汇教学结合起来,教会学生48个音素以及元音字母和辅音字母的拼读规则,让他们学会根据单词的音标"见词能读,听音能写"。例如,利用自然拼读法将字母及其组合字母与读音建立联系:b-boy/b/,d-dog/d/,m-man/m/;c-a-t,cat/k-æ-t,kæt/;bee-ee/iː/,等等。再如,利用"合分八步朗读法",训练学生读记单词。教读 teacher 的步骤如下:teacher, teacher, t-e-a-c-h-e-r, teacher, tea- /tiː/, cher-/tʃə/, teacher, 教师。在教学实践的过程中,课题组老师也充分利用线上教学、微课教学和微信小程序等教学平台,指导和训练学生"看音标读单词",并要求学生发送"朗读单词的语音音频",检查词汇的拼读和记忆的效果。经过一年多时间的语音和词汇的整合教学,一部分同学能够开口读单词了,也能通过拼读规则记忆单词了。

(4)2019年2月—2020年12月,邓老师和王老师承担了子课题"阅读积累策略在初中生词汇学习中的运用研究"。通过课内阅读教学和课外开展分级拓展阅读,运用"利用同义词和近义词猜测词义、利用上下文语境猜测词义、利用构词法猜测词义,根据常识及日常生活经验来推测词义"等词汇学习策略,培养学生积累词汇的习惯和词汇的学习能力。

(5)2019年2月—2020年12月,课题组先后开展子课题"本地方言对初中生词汇学习策略的影响及对策研究"和"微信公众号/微课在初中生词汇学习中的运用策略研究"的研究。

(三) 总结阶段(2021.1—2021.5)

对课题研究成果进行整理、分析。撰写研究报告，并请专家评审。展示课题成果，为推广工作和开展进一步研究奠定基础。

四、研究成果

(一) 成果概述

1. 理论成果

我们认为，在词汇学习中元认知策略、认知策略和情感策略缺一不可。在课题研究的过程中，我们较为系统地研读了有关词汇学习的相关文献，从中发现：国内外学者认为，词汇习得分为词汇知识的习得和词汇运用能力的习得两个维度，而词汇知识涵盖读准发音、掌握拼写、扩大词汇量、掌握搭配和掌握词义。

词汇习得与学习策略密切相关。O'Malley 和 Chamot 将学习策略按功能分为"元认知策略、认知策略和情感策略"三大类，认为元认知策略高于其他两类策略，而每一类又包括若干分类。在研究中，我们进一步证实了元认知策略高于其他两类策略的观点，因为如果学生只会使用认知策略(含记忆策略)，他们记住单词并不能保持很长的时间；只有使用了元认知策略来计划和管理记忆单词，才能实现长久地记住单词。情感策略也是词汇学习中不可缺少的策略，因为不同层次学生学习词汇的焦虑程度是不同的，学困生特别需要使用情感策略，他们在合作学习中或者在他人的帮助学习中，能够更容易学会拼读单词和掌握一些基本的单词认知策略。

2. 实践成果

(1) 运用了问卷调查和访谈的研究方法，弄清了学生词汇学习困境的成因。

本研究基于初中生英语词汇学习的困境，经过问卷调查和访谈，弄清了学生在词汇学习方面存在的问题及其原因。问题一，部分学生难于掌握词汇的读音，其原因是学生未能掌握基础的语音知识和不善于运用拼读规则朗读单词。问题二，部分学生难于记住单词并且忘得快，其原因是记忆策略单一和没有很好运用地"及时复习和有计划复习"等元认知策略;问题三,部分学生难以掌握如何运用词汇的策略,其原因是词汇运用策略匮乏,等等。问卷调查情况见表1至表4。

表1　　　　学生在读音、拼写和词义三个方面存在的困难程度
（四所学校平均比例）

内容 \ 同意与否	非常同意	同意	不确定	不同意	非常不同意
读音	51%	26%	3%	9%	11%
拼写	48%	25%	4%	8%	15%
词义	46%	28%	3%	10%	13%

表2　　　　记忆策略的使用情况（四所学校平均比例）

使用频率 \ 策略	抄写单词	朗读强化	制作词汇卡片	联系新旧词	相似词归类
从不使用	6.1%	6%	18.2%	12.2%	13.9%
基本不使用	13.6%	13.2%	22.3%	14.7%	17.9%
有时使用	14.4%	20.1%.	28.7%	38.5%	22.7%
经常使用	29.1%	21.0%	24.7%	27.7%	35.1%
总是使用	36.8%	39.7%	6.1%	6.9%	10.4%

表3　　　　活用策略的使用情况（四所学校平均比例）

使用频率 \ 策略	新词造句	真实语境运用	口头交流运用	写作表达运用	高频使用新词
从不使用	15.7%	11.4%	14.3%.	10.0%.	15.7%
基本不使用	32.9%	24.3%	30.0%	24.3%.	42.9%
有时使用	25.7%	35.7%	30.0%	38.6%	20.0%
经常使用	15.7%	24.3%	20.1%	22.9%	15.9%
总是使用	10.0%	4.3%	5.6%	4.3%.	5.5%

表 4　　　　　　　　元认知策略的使用情况（四所学校平均比例）

策略 使用频率	制定目标	检测所学词汇	反思不足	交流心得
从不使用	10.0%	15.2%	15.9%	1.4%
基本不使用	30.0%	29.4%	30.4%	14.3%
有时使用	34.3%	29.3%	26.7%	27.2%
经常使用	24.7%	23.4%	25.1%	32.6%
总是使用	1%	2.7%	1.9%	24.5%

（2）运用了"行动研究"的研究方法，形成了一些干预学生词汇学习困境的策略。

基于学生词汇学习困境中的问题和成因，我们在不同的四所学校采用三轮的行动研究，即通过"发现问题—制定计划—采取行动—评估效果—修正计划—调整方案—提出新的方案"的循环研究，来探索词汇学习困境的干预策略。在第 1 轮行动研究中，我们制订了行动研究方案（见表 5），通过"强化拼读策略和记忆策略"的训练，基本上解决了学生不会朗读单词的难题，让学生初步地运用了多种记忆单词的策略，如，基础语音知识训练策略、自然拼读策略、以音促记策略、查字典的策略、形象记忆策略、构词法策略、思维导图/语境记忆策略、归类记忆策略、联想记忆策略，等等。在第 2 轮行动研究中，我们修改计划，制定了新的行动研究方案（见表 6），通过"强化记忆策略和运用策略"的训练，提高了朗读单词的准确率和记忆单词的效率，形成了一些适用的干预策略，如：易错音素和拼读规则强化训练策略、运用重音知识读准单词的策略、每天 10 分钟背诵单词的记忆策略、每节课课前 2 分钟朗读所学课文或对话的策略、制订计划、复习、检测和总结单词记忆方法等元认知策略训练、每周词汇思维导图训练策略、每周词汇语境填空训练策略，等等。在第三轮行动研究中，我们进一步瞄准"词汇的运用是词汇学习的难点"这一目标，制订和实施了新的行动方案（见表 7），并形成了一些"活用的训练策略"，如：根据语境猜测词义或填词的训练策略、在文化背景中运用词汇的训练策略和开展课外活动运用训练词汇策略，等等。

表5　　　　　　　　　朗读策略和记忆策略的训练方案表

周次 活动项目	2	3	4	5	6	11	12	13	14	15
基础语音知识训练策略	*	*								
自然拼读法			*							
单词朗读训练				*						
以音促记策略					*					
查字典的策略					*					
形象记忆策略						*				
构词法策略							*			
思维导图/语境记忆策略								*		
归类记忆策略									*	
联想记忆策略										*

表6　　　　　　　　　强化记忆策略和运用策略的训练方案表

周次 活动项目	2	3	4	5	6	11	12	13	14	15
易错音素和拼读规则强化训练	*									
运用重音知识读准单词的策略		*								
每天10分钟背诵单词的记忆策略			*							
每节课课前2分钟朗读所学课文或对话的策略				*						
制定计划、复习、检测和总结单词记忆方法等元认知策略训练					*					
每周词汇思维导图训练策略						*				
每周词汇语境填空训练策略							*			
阅读中根据上下文词义猜测训练策略								*		

续表

活动项目 \ 周次	2	3	4	5	6	11	12	13	14	15
词块训练策略									*	
新词造句、词汇串新知和口笔头表达等活用策略的训练										*

表7　强化"活用策略"的训练方案表

活动项目 \ 周次	2	3	4	5	6	11	12	13	14	15
强化根据上下文语境猜测词义或填词策略的训练	*									
每周短文选词填空策略的训练		*								
每个单元的对话用关键词缩写成短文策略的训练				*						
每个单元课文用关键词复述策略的训练					*					
每周做一篇完形填空策略的训练						*				
了解词汇文化意义策略的训练							*			
词汇合作学习策略的训练							*			
课外个别辅导词汇学习策略的训练								*		
开展词汇竞赛的策略									*	
开展录音秀和配音秀等词汇输出的活动策略									*	
开展"我爱我的家乡"等主题作文竞赛和"我是自由贸易岛小导游"演讲的活动策略										*

(3)运用"活用策略"提高学生"活用单词"的效率。

保持词汇记忆长久就是要不断的运用。因此，在词汇学习过程中，我们要坚持"用中学"，改变单一的词汇读记的教学模式，尽可能地使用"新词造句、真实语境运用、口头交流运用、写作表达运用、高频使用新词"等活用策略，创造更多的真实语言的情境，让学生在阅读中理解词汇，在交流中使用词汇，在写作中运用词汇。在教学中，课题组坚持以话题为中心进行单元整体教学，通过整体教学逐层夯实词汇。例如：在听说教学中，通过听前活动感知词汇的音和形、通过听中活动理解其意义和通过听后活动运用话题词汇进行情景交际；在阅读教学中，我们可以在读前猜测词汇、在读中理解和使用词汇以及在读后练习词汇和运用词汇谈论话题；在综合语言运用环节中，我们可以通过读写活动来巩固和运用本单元的核心词汇。

(4) 结合信息化技术，形成了运用微课和直播课等线上手段辅助词汇学习的策略。

课题组的教师结合信息化技术教授学生词汇知识及记忆技巧，帮助他们更好从音、形、义上掌握和运用词汇。例如：教师在上课前可以制定本节课程的PPT和思维导图，方便学生梳理知识。以图文并茂的形式为学生讲授词汇，会引起学生更多的兴趣。利用学生零碎的时间，用微课的形式让他们学会自主学习词汇；还可以让学生在词汇学习平台上，通过词汇记忆和检测，知道自己词汇学习不足的地方，及时补充和老师互动；教师还可以利用直播课进行词汇知识的教学，比起传统的课堂教学模式，这样的模式更吸引学生的兴趣和注意力。

3. 获奖成果

①蔡建忠老师所撰写的论文《初中生英语词汇学习困境干预策略的行动研究——以某某中部地区为例》发表于国家级核心期刊《中小学英语教学与研究》2020年第12期。

②蔡建忠老师所撰写的论文《初中生英语词汇学习困难的干预策略探究》发表于国家级核心期刊《基础教育外语教学研究》2020年第11期。

③2020年8月王秀安老师所撰写的论文《阅读积累策略在初中生词汇学习中的运用研究》在第14届全国初中英语教师教学基本功大赛暨教学观摩研讨会中被专家评审组评为二等奖。

④2020年8月何有义老师所撰写的《本地方言对初中生词汇学习策略的影响

及对策研究》在第14届全国初中英语教师教学基本功大赛暨教学观摩研讨会中被专家评审组评为一等奖。

⑤2019年9月蔡建忠老师所撰写的论文《某某中部地区初中生词汇学习困难的调查研究》和《初中生词汇学习策略的调查研究》在第9届全国农村及少数民族地区中小学英语课堂教学与教师发展研讨会中，被大会专家学术组评为一等奖。

(二) 成果影响

1. 对教师的影响

(1) 提高了教师的词汇教学理论水平。

通过运用词汇学习策略干预学生词汇学习困境的实践研究，课题组的教师对语言学习策略所包含的"元认知策略、认知策略和情感策略"有了进一步的理解和认识，并达成了共识：在词汇学习中，"元认知策略"是词汇学习的管理策略，要使用它来计划、管理和统筹记忆单词；认知策略是词汇学习的核心策略；情感策略是词汇学习的不可缺少的策略。另外，我们也获得了如下启示：启示一，部分学生不会朗读词汇的主要原因是语音知识缺乏，以及较少使用朗读训练策略，故要运用"自然拼读"等策略来提高他们的朗读能力。启示二，部分学生记不住且易忘记单词的主要原因是记忆策略使用单一，故要加强多种记忆策略的训练；启示三，部分学生不会运用词汇的主要原因是活用策略缺失，故要在语境中充分的运用词汇。总之，我们也一致认为，学好词汇的前提是学好词汇的发音，积极使用词汇是学好词汇的基本保证。

(2) 提升了教师的教科研水平。

课题组的教师除了收获上面的理性认识之外，也学会了在课题研究中的一些研究方法，例如：问卷调查法和行动研究法。我们认为：要做好课题研究，首先要善于发现问题，然后根据问题进行问卷调查和访谈；问卷调查表要设计科学，切中问题的要害才能找出问题的原因所在；接下来就是要基于问题的原因，进行理性分析，然后开展行动研究：行动研究要制订好方案，要对行动研究的内容进行充分的反思，提出新的问题，制订新的方案，开展螺旋式的行动研究，这样才能做到理论和实践的有机结合。

2. 对学生的影响

(1) 强化了单词的拼读，解决学生不会朗读的难题。

通过强化语音教学(用时三周)，教会学生 48 个音素；学生学会五个元音字母及其组合字母在重读音节和非重读音节里的发音规则；学会辅音字母的拼读规则以及其他语音知识和拼读技巧；教授自然拼读规则；从而达到"见词能读、听音能写"的词汇学习效果；利用自然拼读法将字母及其组合字母与读音建立联系，减轻了单词记忆的难度。通过单词朗读训练，让学生掌握了"运用拼读规则以及元音和辅音相拼"的朗读单词方法，85%的学生能够独立朗读单词。

(2) 运用了学习策略，提高学生单词记忆的有效性。

通过教会学生划分音节和读准重音等语音知识，提高了学生"朗读单词"的准确率；通过记忆策略和元认知策略的训练，提高了学生"记忆单词"的效率，学生逐步能运用"查字典的策略、形象记忆策略、构词法策略、思维导图/语境记忆策略、归类记忆策略、联想记忆策略"，等等。在改进和强化记忆策略之后，学生通过及时复习减少了遗忘率；通过每周的思维导图训练之后，加深了对单元词汇的理解和记忆；通过运用"制订计划、复习、检测和总结单词记忆方法等元认知策略"的训练，加深了对词汇的长期记忆效果。

(3) 提高了学生"活用单词"的效率。

鉴于学生在期中期末考试中词汇填空题型的得分率较低，通过词汇运用策略的训练，大多数学生能够通过上下文语境确定该空所需要的词义，做到了"因境用词"，同时也能活用单词的词性、前缀和后缀。2019 年秋季期末英语考试词汇填空题的得分率也明显高于春季学期同类题型的得分率(见表 8)。

表8　第 2 轮行动研究期末考试词汇成绩以及与第 1 轮比较上升的情况

类别＼对象	某县西部初中七年级(50人)	某县县城初中八年级(51人)	某县中部初中九年级(49人)	某县北部初中九年级(51人)
题型	首字母填空及选词填空	首字母填空及选词填空	首字母填空及选词填空	首字母填空及选词填空
平均分	5.23	5.43	5.55	5.43
平均分上升+	+0.59	+1.04	+0.98	+0.97
及格人数	23	24	23	24

续表

类别 \ 对象	某县西部 初中七年级 （50人）	某县县城 初中八年级 （51人）	某县中部 初中九年级 （49人）	某县北部 初中九年级 （51人）
及格率	46%	47.1%	46.9%	47.05%
及格率上升+	+30%	+23.6%	+24.4%	+25.55
优秀人数	9	9	9	10
优秀率	18%	17.6%	18.4%	19.6%
优秀率上升+	+8%	+9.8	+10.3%	+11.8%

3. 对学校的影响

在学校层面，教师通过本课题的研究，逐步提高了他们的专业素养和课题研究的相关能力，促进了学校的学科队伍建设，其中蔡建忠老师被评聘为县名师工作室的主持人，王榕等老师被评为县教科研骨干教师；学生通过学习策略的训练，初步地掌握了一些适合他们英语词汇学习的策略，促进了他们的英语成绩的提高，同时也促进了学校英语教学质量的大幅度的提升，英语学科在全县的排名从10名左右上升到前5名。而且，本课题涉及4个学校的教师的参与，较好地加强了区域间课题研究的联动，也增强了课题成果的辐射性。

(三) 成果反思

本课题基本上实现了预期的目标，反思整个研究过程，其中仍有很多不足之处：其一，参与行动研究的范围不广和人数不多，只有4个学校，每个学校只有三个班级，每个班级只有50人左右的学生；其二，学生成果单一，只有考试中的词汇题型的成绩统计和学生的单词竞赛成绩；而且在学生使用词汇策略方面，并不是全体学生都能学会和运用词汇学习的相关策略，部分学生"活用词汇"的能力有待提高，个别词汇学习策略如"得体地使用词汇的语用策略"有待进一步研究等。针对这些问题，我们将进一步学习词汇教学的相关理论，与时俱进，不断创新词汇教学方法和策略，加强线上和线下词汇教学的研究，努力实践和收获词汇教学新的行动研究成果。

参考文献

［1］Flavell J. H.. *Cognitive Development*［M］. New Jersey：Prentice Hall Inc., 1985.

［2］Kemmis, S., R. McTaggart. *The Action Research Planner*［C］. Geelong：Deakin University Press, 1988.

［3］Nation, P.. *Teaching and Learning Vocabulary*［M］. Boston：Heinle & Heiule, 1990.

［4］O'Malley, J. Michael, Chamot, Anna Uhl. *Learning Strategies in Second Language Acquisition*［M］. Shang hai：Shanghai Foreign Education Press, 2001.

［5］Oxford, R. L.. *Language Learning Strategies：What every teacher should know*［M］. Boston：Newbury House, 1990.

［6］Richard, J. C.. *The Role of Vocabulary Teaching*［J］. TESOL Quarterly, 1976（10）：77-89.

［7］董奇. 论元认知［J］. 北京师范大学学报, 1989(3)：68-74.

［8］任玉霞. 基于提高单词朗读及记忆准确率的英语词汇教学行动研究［J］. 北京城市学院学报, 2019(5)：44-49.

［9］屈典宁, 余卉荃. 主体间性视域下的词汇学习困难与词汇学习策略研究［J］. 创新与创业教育, 2019(4)：32-37.

［10］文秋芳, 韩少杰. 提高"文献阅读与评价"课程质量的行动研究［J］. 中国外语教育, 2012(1)：32-39.

［11］伍海云. 中小学教师课题研究微课10讲［M］. 海口：海南出版社, 2018（10）：184-185.

［12］朱惠玲, 朱晓申, 罗晓杰. 提高初中英语学困生词汇记忆效率之行动研究报告［J］. 基础教育外语教学研究, 2010(1)：39-43.

[13] 赵忱. 运用思维导图强化英语词块学习效能[J]. 中国教育学刊, 2019(2): 106.

[14] 么海燕. 基于建构主义的思维导图在高中英语写作教学中的应用[J]. 中国教育学刊, 2019(S2): 78.

[15] 张宇. 关于文化背景在中学英语词汇教学中的思考[D]. 上海师范大学学位论文, 2005.